Wolfgang Ködel | Sabine Eichhorst
Der Mann im Wald

Wolfgang Ködel | Sabine Eichhorst

DER MANN IM WALD

Wie ich mein Leben hinter mir ließ

PIPER
München Berlin Zürich

Mehr über unsere Autoren und Bücher:
www.piper.de
Aktuelle Neuigkeiten finden Sie auch auf Facebook, Twitter und YouTube.

Zum Schutz der Persönlichkeitsrechte wurden Namen, Orte und Personen verändert. Handlung und Gespräche beruhen auf wahren Begebenheiten, sind im Detail der Wirklichkeit aber nur nachempfunden und erheben nicht den Anspruch, die alleinige Wahrheit zu sein.

FSC
www.fsc.org
MIX
Papier aus verantwortungsvollen Quellen
FSC® C083411

ISBN 978-3-492-06044-8
Originalausgabe
September 2016

Satz: Kösel Media GmbH, Krugzell
Gesetzt aus der Andada
Druck und Bindung: CPI books GmbH, Leck
Printed in Germany

1

Ein Geräusch.

Ein Kratzen.

Ein leises Schleifen.

Tastende Schritte?

Im Haus ist es still. Die Wände schweigen, die Möbel verharren. Kein Atmen, kein Leben. Auch ich atme nicht, mein Puls sinkt, das Blut fließt zäh. Bin starr wie ein Tier im Winterschlaf.

Bin nicht da.

Schon fort.

Wieder ein Kratzen. Ein Scharren auch. Es kommt von draußen. So klang es oft, wenn sie kamen. Natürlich kamen sie tagsüber, meist am späten Nachmittag, nach der Arbeit. Die Männer trugen Sakkos, manchmal Anzüge, die Frauen hübsche Kleider, der Makler war jung und dynamisch, bei jedem Schritt federte er weich in den Knien. Er führte die Leute über den Vorplatz zum Haupthaus, und wenn sie eine Weile später wieder herauskamen, liefen sie erneut über den Platz und hielten auf mein Haus zu. Sie klopften an die Tür. Sie drückten den Klingelknopf; doch die Klingel war tot, der Strom längst abgestellt. Ich stand auf der anderen Seite der Tür und hielt den Atem an. Ich lauschte den Stimmen, energisch die der Männer, ein wenig aufgeregt die der Frauen. Sie klopften wieder, doch ich rührte mich nicht. Sie spähten durchs Fenster neben der

Tür, liefen ums Haus herum, drückten ihre Gesichter an die Scheiben. Später, wenn ich die Lamellen der Jalousien vorsichtig auseinanderzog, sah ich die Abdrücke ihrer Nasen, ihrer Fingerkuppen.

Irgendwann gingen sie fort.

Doch ich wusste, sie würden wiederkommen. Sie oder andere. Würden die Tür aufbrechen und mich hinauszerren.

Aber nun habe ich einen Plan.

Das Schleifen auf der Straße wird leiser, entfernt sich, erstirbt schließlich. Die Nacht ist wieder still. Die Starre löst sich, ich atme wieder. Kein schlafloser Nachbar, der seinen Hund ausführt ... Kein weiterer Vorstoß des neuen Besitzers ...

Ich strecke die Hand nach der Säge. Die werde ich brauchen. Die Axt auch, beide Äxte. Ihre Klingen stoßen aneinander und klirren, als ich sie in die Tasche lege. Ich ziehe eine Schublade auf, nehme eine Kombizange heraus. Den Hammer? Ein paar Schraubenzieher? Die Brechstange?

Nein, nur das Nötigste.

Der Rest bleibt hier.

Mein Leben bleibt in diesem Haus zurück.

Vor drei oder vier Tagen hing ein Zettel an der Tür. Ich hatte seine Schritte gehört, hatte im Flur gestanden, als er klopfte, ungeduldig, fordernd. Ich hörte ihn meinen Namen rufen und seine Stimme klang scharf. Das Haus gehörte jetzt ihm. Er forderte sein Recht. Später, in der Nacht, als gegenüber die Lichter hinter den Fenstern erloschen waren, öffnete ich vorsichtig die Tür. Ein helles Rechteck im Dunkel und schiefe Druckbuchstaben: *Auszug bis zum 13. Oktober, danach bestelle ich Container und räume.* Leise schloss ich die Tür. Ich hatte keine

Angst. Ich spürte weder Angst noch Wut noch Freude noch Traurigkeit noch Hoffnung. Ich war ohne Gefühl.

Lange schon.

Ich lege die Kombizange zu den Äxten und der Säge und zurre den Reißverschluss zu, als mein Blick auf das Seil fällt: Ein Kunststoffseil, zu einer Acht geschlungen, mit dem losen Ende zusammengebunden. Es liegt seit Jahren dort, ich kann mich nicht mehr erinnern, wozu ich es einmal gekauft habe. Ich öffne die Tasche und lege es zum Werkzeug.

Für alle Fälle.

Bäume gibt es genug im Wald.

Ich schließe die Kellertür und steige lautlos die Treppe hinauf. Lange schon bewege ich mich, ohne ein Geräusch zu verursachen. Unhörbar. Unsichtbar. Wie ein Dieb.

Nein … wie ein Geist.

Im Wohnzimmer fallen Lichtstreifen der Straßenlaterne durch die Schlitze der Jalousien. Im Halbdunkel sehen die Möbel wie Fremde aus und der Boden ist voller Schatten, ein Mosaik aus Grautönen, aus runden und rechteckigen Formen. Zeitungen, Hemden, Kartons, Flaschen, ungeöffnete Briefe. Es riecht nach kaltem Rauch. Ich weiß nicht, wann ich das letzte Mal gelüftet habe. Ich weiß auch nicht, wann ich das letzte Mal aufgeräumt habe. Lange Zeit trieb ich dahin, nichts berührte mich, nichts interessierte mich. Erst seit ich einen Plan habe, seit mir jener Gedanke kam, ein oder zwei Tage nachdem der Zettel an der Haustür klebte, und ich begonnen habe, Sachen in den Wald zu bringen, strömt eine ungewohnte Energie durch meinen Körper.

Ich gehe den Flur entlang ins Bad, nehme Zahnbürste, Zahnpasta, Duschgel. Den Nagelknipser. Den Handspiegel. Eine

Schere. In der Küche zwei Gabeln, Löffel, Messer. Ein Brett, einen Becher, einen Topf. Nein, keinen Topf. Ich werde nicht kochen, Rauch würde mich verraten. Ich stelle ihn zurück.

Auch im Schlafzimmer ist der Boden von Zeitungen übersät. Ich habe sie im Müll gefunden – man findet viele Zeitungen im Müll und es macht keinen Unterschied, ob Nachrichten von heute, gestern oder irgendwann sind, die Welt dreht sich ohnehin ohne mich. Am Fußende des Bettes stapeln sich Kisten, überall liegen Kleiderhaufen, eine ausgebreitete Decke. Sie gehörte Sam. Sie schlief am liebsten in meiner Nähe. Auch das ist lange her.

Ich gehe ums Bett herum. Unter meinen Füßen etwas Weiches – ein Pullover. Ich hebe ihn auf und stopfe ihn in den Beutel. Kissen und Decken habe ich schon fortgebracht; die leere Matratze leuchtet wie eine Insel im dunklen Durcheinander, hell und nackt.

Genug jetzt.

Es reicht.

Ich gehe zurück ins Wohnzimmer. Im Schrank Ordner mit Papieren, Zeugnissen, Verträgen, Policen, Urkunden – bleiben hier. Auf dem Sideboard das Foto vom Vater, das Bild von der Mutter, von Margaretha, von Sam. Bleiben hier. Schachteln voller Fotos von Reisen, mit Peter und Karl in Frankreich, 1977, wir hatten gerade den Führerschein, mit Rainer auf Deutschlandtour, ein paar Jahre später, Bilder von Susanne, von Christine. Vergangenheit.

Altes Leben.

Bleibt hier.

In diesem Haus zurück.

Ich öffne eine Schublade, finde einen alten Walkman, stopfe

ihn in den Beutel. Als ich mich umdrehe, fällt mein Blick auf den Bilderrahmen neben dem Fenster – das Herzogliche Bräustüberl in Tegernsee, verschwommene Schatten in einem Rechteck, doch ich kann mir jeden Pinselstrich ins Gedächtnis zurückrufen. Das Aquarell hatte mir auf Anhieb gefallen, als ich es zum ersten Mal sah, bei einem Maler im Ort. Wie von fremder Hand gesteuert durchquere ich den Raum, nehme das Bild von der Wand, löse es aus dem Rahmen und rolle es zusammen. Dann öffne ich die Tür des Sideboards und ziehe die Fototasche mit der Spiegelreflexkamera heraus. In der Ferne schlägt die Kirchturmuhr, vier Mal streng und unnachgiebig, dann fünf weitere Schläge, heller, freundlicher. Ich hänge die Fototasche über die Schulter, den Beutel, schlage meinen Kragen hoch und gehe den Flur hinunter zum Schlafzimmer. Ziehe die Vorhänge beiseite und die Jalousie hoch, öffne das Fenster, steige hinaus, ziehe es leise hinter mir zu.

Es ist dunkel, die Straße leer.

Die Welt schläft.

Ich gehe.

Schaue nicht zurück.

Die Luft ist frisch, die Nacht klar. Eine schmale Mondsichel steht am Himmel und es ist vollkommen still. Keine Autos, keine Menschen, selbst die Vögel schlafen noch. Meine Schritte auf dem Asphalt sind nicht zu hören; sogar jetzt, obwohl niemand da ist, der mich bemerken könnte, bin ich totenstill. Das Leise ist mir zur Natur geworden. Die Unsichtbarkeit. Das Sich-Verstecken, das Unter-den-Dingen-Hinwegtauchen.

Am Ende der Straße beginnt der Wald. Der Boden ist weich. Es riecht nach Regen und nassem Holz und ich folge dem Pfad, der leichten Rechtskurve, die er beschreibt, vorbei an der Bank, weiter auf dem asphaltierten Wegstück, ein leichtes Gefälle hinab. Auf halber Höhe verlasse ich den Weg, laufe durchs Unterholz, auf die Landstraße zu. Kein Auto links, kein Auto rechts. Nur ein Tier, das laut und durchdringend ruft. Ich überquere die Straße. Laufe abseits der Wege, unter Fichten und kahlen Buchen hindurch, steige über umgestürzte Bäume, ab und zu knackt ein Zweig, Gräser streifen meine Beine. Mein Atem geht immer langsamer und gleichmäßiger.

Ich fühle mich erleichtert.

Befreit.

Schnell wird das Unterholz dichter, ein beinahe undurchdringliches Dickicht. Ich bleibe stehen, orientiere mich. Mit Sam bin ich hier oft spazieren gegangen, abseits der Wege und Pfade. Sie war ein neugieriges Mädchen und immer für Abenteuer zu haben. Sie war mein bester Freund, doch wenn ich an sie denke, fühle ich nichts. Ich wusste, dass sie gehen würde.

Ein Schrei.

Wütendes Fauchen.

Rascheln im Laub und eine jähe Jagd.

Dann wieder Stille. Die Luft riecht nach Moos und feuchter Erde und ich taste mich vorsichtig weiter. Irgendwo hier, ganz nah, muss das Gefälle sein, die erste Stufe. Der Platz liegt auf halber Höhe eines Hangs, wer ihn nicht kennt, findet ihn nicht. Um mich herum kahle Bäume. Schatten gleiten über ihre Stämme, rutschen herab, fallen zu Boden. Nach einer Weile verschwindet der Mond hinter einer Wolke. Ich bleibe stehen, warte, bis meine Augen sich an die Schwärze gewöhnt haben. Bis sich langsam, wie in einem Traum, Bäume, Büsche, düstere Silhouetten aus der Nacht schälen. Ich spüre meinen Puls, das Klopfen hinter den Schläfen.

Vorsichtig taste ich mit den Schuhspitzen über den Boden, suche nach Unebenheiten. Als ich den Busch erreiche, der wie eine Wand den Zugang zum Platz verdeckt, bücke ich mich, schiebe die Zweige beiseite, krieche durchs Unterholz. Der Boden wird feuchter; der Grundwasserspiegel in den Auen ist hoch. Plötzlich rutsche ich, verliere das Gleichgewicht, greife nach den Zweigen, suche Halt. Reglos verharre ich in der Kälte. Als die Wolken den Mond endlich wieder freigeben, richte ich mich auf. Vor mir liegt ein steiles Gefälle.

Darunter der Platz.

Im Dunklen erkenne ich die Umrisse des noch verpackten Zelts. Die Tasche mit den Decken. Den Stuhl.

Ich weiß nicht, was geschehen wird.

Doch ich spüre, dass alles unwiderruflich hinter mir liegt.

Und etwas Neues beginnt.

2

Es war eine Zeit des Aufbruchs, der tief greifenden Veränderungen. In Moskau propagierte Michail Gorbatschow Glasnost und Perestroika und in Ostberlin erschrak Erich Honecker vor dem Volk der DDR, weil es gegen die Regierung zu rebellieren begann, in Scharen in die bundesdeutschen Botschaften in Prag und Warschau flüchtete oder über Ungarn rübermachte in den Westen. Zu dieser Zeit brach ich mein Studium ab, packte meine Sachen und zog aus der fränkischen Provinz nach München.

Ein Unternehmen, das mithilfe von CO_2-Laserschneidanlagen Präzisionsteile für die Automobil- und Elektronikindustrie fertigte, bot mir einen Job an. Die Technologie war Ende der 1980er-Jahre relativ neu – Bleche, Stahl, Aluminium und andere Metalle ließen sich mittels Laserstrahlen präziser, schneller und kostengünstiger zuschneiden als mit herkömmlichen Verfahren. Doch die Anlagen waren teuer, die meisten Firmen scheuten die Investitionen. Mein neuer Chef erwies sich da als Pionier: Ein schmaler Mann um die sechzig, mit schütterem Haar, ein Bastler, der es liebte, in die Tiefen der Physik abzutauchen, über Materie, Energie und Einstein zu philosophieren, quanten-optische Experimente zur Wechselwirkung von Licht und Materie zu diskutieren und immer wieder neue Lösungen für alte Probleme zu suchen. Ums Betriebswirtschaftliche kümmerte sich unterdessen sein Vorarbeiter.

»Die Entdeckung der Weltformel steht noch aus«, raunte er an meinem ersten Tag und zwinkerte mir verschmitzt zu.

»Na ja«, antwortete ich. »Daran ist sogar Einstein gescheitert.«

Er hielt inne. Seine Augen blitzten und etwas sagte mir, dass das nicht nur Schalk war.

»Sie interessieren sich für Einstein?«

»Sehr.«

Er nickte. Dann schlurfte er zurück in sein Labor.

Neben der Liebe zur Physik teilten Dr. Lorenz und ich eine tiefe Begeisterung für hingebungsvolles Gefrickel. Er hatte ein kleines, hoch spezialisiertes Team von Maschinenbauingenieuren um sich versammelt und jeden Tag schrieben wir neue Programme für rechnergestützte Abläufe und arbeiteten mit Hightech-Apparaturen, die keiner von uns je zuvor gesehen hatte. Es war aufregend. An der Fachhochschule hatte ich Semester für Semester graue Theorie gelernt – jetzt konnte ich endlich praktisch arbeiten. Ich tüftelte und probierte, suchte und fand Lösungen, verwarf sie, fand neue, bessere, verwarf auch die, suchte weiter. Ich gab mein Bestes und Dr. Lorenz bemerkte es und gab mir immer kompliziertere und verantwortungsvollere Aufgaben, in die ich mich immer tiefer hineinkniete.

Die Zukunft lag vor mir wie ein ausgerollter Teppich.

Im Frühjahr 1989, meine Probezeit war gerade vorüber, sprach mich ein Kollege an. Mike Mosner war schon länger in der Firma, er arbeitete an der Laserschneidanlage, war erfahren und gut. »Ich will mich selbstständig machen«, sagte er. »Machst du mit?«

Erstaunt sah ich ihn an.

»Du bist einer der Besten hier.«

Ich schüttelte den Kopf. »Ich habe noch viel zu wenig Erfahrung.«

»Die Zeit ist günstig«, sagte Mike.

Ich schüttelte den Kopf.

»Warum sollen bloß andere von deiner Arbeit profitieren? Wir verdienen mehr, wenn wir unsere eigene Firma gründen. Ich sage dir, die Kunden werden uns die Bude einrennen.« Sein Ton hatte etwas Drängendes, beinahe Beschwörendes.

Ich zögerte.

Und schüttelte wieder den Kopf. »Ich fürchte, ich bin da nicht der Richtige.«

»Meine Güte, jetzt denk doch mal nach.« Ungeduldig schilderte Mike seinen Plan: Wir würden investieren, eine Halle mieten, ich würde die CNC-Programme schreiben, er die Schneidmaschine bedienen. In ein paar Wochen würden wir anfangen zu produzieren, schon im ersten Jahr könnten wir 300 000 D-Mark Umsatz machen, und wenn das Auftragsvolumen unsere Kapazitäten übersteigen würde, würden wir Leute einstellen, er wüsste auch schon, wen. Er hatte alles x-mal durchgespielt.

»Na ja«, sagte ich und spürte ein diffuses Unbehagen. »Die Idee ist nicht schlecht. Aber der Zeitpunkt …«

»Der Zeitpunkt könnte gar nicht besser sein. Wir werden uns am Markt etablieren, bevor die Konkurrenz es tut!« Er sah mich an. Seine Augen glänzten und seine Wangen schienen zu glühen. »Überleg's dir.«

Ich zögerte.

Und schüttelte ein weiteres Mal den Kopf.

»Nein.«

Er sah mich an, als sei ich von Sinnen.

Dann wandte er sich ab und stapfte mit schweren Schritten zurück an seine Maschine.

In den Tagen darauf dachte ich immer wieder an unser Gespräch. Mein Vater hatte daheim einen Hof bewirtschaftet, ich wusste, wie viel Arbeit die Selbstständigkeit machte, aber auch, welche Freiheit und Selbstbestimmtheit sie bot. Ja, vielleicht würde ich mich auch selbstständig machen, irgendwann, in ein paar Jahren. Aber nicht jetzt.

Doch Mike ließ nicht locker. »Mensch, du hast Maschinenbau studiert, du kannst programmieren, du bist geschickt und fleißig. Du wärst genau der richtige Mann.«

»Danke«, sagte ich. »Aber du beherrschst deinen Job auch gut. Warum machst du's nicht allein?«

Er biss sich auf die Lippe und kurz durchfuhr mich der Gedanke, dass er mich vielleicht nicht nur wegen meiner Programmierkenntnisse ausgesucht hatte. Traute er sich den Schritt in die Selbstständigkeit allein nicht zu? Fürchtete er das finanzielle und unternehmerische Risiko?

»Ich brauch jemanden, der programmieren kann«, sagte er und fuhr sich über die Stirn; ich war gerade dreißig geworden, Mike war sogar noch ein Jahr jünger, trotzdem gingen ihm bereits die Haare aus. »Dafür habe ich jede Menge Kontakte – du wirst sehen, die ersten Aufträge kriegen wir in Nullkommanix!«

Risiko – das Wort hallte wieder und wieder durch meinen Kopf. Eine Laserschneidanlage kostete mindestens 250 000 D-Mark, wahrscheinlich sogar eine halbe Million. Wir würden ein Darlehen aufnehmen müssen. Wir brauchten eine Halle und Mitarbeiter. Wir mussten Material einkaufen, Aufträge vorfinanzieren, Steuern zahlen, Sozialversicherung für die Angestellten, Lohnfortzahlung im Krankheitsfall, Urlaubsgeld, Weihnachtsgratifikationen. Was, wenn wir zu früh am Markt waren? Wenn sich die neue Technik erst in ein, zwei Jahren durchsetzte? Oder gar nicht? Was, wenn aus anderen Gründen, an die jetzt niemand dachte, keine oder nicht genügend Aufträge reinkämen? Wir stünden vor einem riesigen Berg von Schulden und laufenden Kosten …

Mir wurde schwindelig.

»Keine Sorge, mit Betriebswirtschaft kenne ich mich aus«, sagte Mike, als läse er in meinem Gesicht.

»Mhh.«

Er legte seine Hand auf meine Schulter. »Überleg's dir«, sagte er und sah mich wieder mit diesem beschwörenden Blick an. »So eine Chance hat man nicht oft im Leben.«

Ich spürte, wie etwas in mir ins Rutschen geriet.

Mike konnte reden. Im Umgang mit Kunden strahlte er eine Selbstsicherheit aus, wie ich sie mir oft wünschte. Er überzeugte alle und wirkte dabei nie unangenehm oder aufdringlich, sondern seriös und sympathisch. Die Leute mochten ihn. Ich mochte ihn auch. Er war ein guter Kumpel, abends oder am Wochenende gingen wir öfter ein Bier trinken. Egal, wo wir hinkamen, Mike kannte überall Leute, und wenn er wirklich einmal niemanden kannte, dauerte es nie lange, bis er jemanden kennenlernte. Das gefiel mir. Ich war eher der ruhige Typ und außerdem fremd in München – durch Mikes lockere Art lernte ich Menschen kennen, die ich nicht kennengelernt hätte, wenn ich allein losgezogen wäre. Auch innerhalb der Metallbranche war Mike gut vernetzt, und vielleicht konnte er die technische Entwicklung auch besser einschätzen, er war ja schon länger dabei. Wobei … auch mir war klar, dass sich die Lasertechnik durchsetzen musste: Die Zeitersparnis war enorm, die Materialausnutzung effizienter, die Rentabilität auch bei kleinen Stückzahlen höher. Die Produktionskosten ließen sich deutlich senken, die Gewinnmargen stiegen. Alles sprach dafür, dass die Nachfrage bald rasant wachsen würde.

Es war bereits Sommer, als wir an einem Freitagnachmittag nebeneinander über den Firmenparkplatz liefen. »Wir sind jetzt zu zweit«, sagte Mike. »Überleg dir, ob du doch noch einsteigen willst.« Seine Schritte klangen fest auf dem Asphalt; er ging wie einer, der ein klares Ziel hatte.

»Wer ist der Zweite?«, fragte ich.

Mike sah sich um. Wir waren allein, die Letzten, die die Firma verließen.

»Kann ich nicht sagen«, raunte er.

Ich maß ihn mit prüfendem Blick. »Na, das würde ich schon gern wissen.«

Er zog ein Gesicht, das alles Mögliche bedeuten konnte. »Schon klar, aber im Moment kann ich keine Namen nennen. Nur so viel: Es ist ein sehr potenter Kunde.«

Ich blieb stehen.

»Ein Kunde?«

Mike nickte.

»Ein Kunde … den wir auch beliefern?«

Er zuckte mit den Schultern.

Ich stieß etwas Luft zwischen den Zähnen aus.

Und dann kam mir ein Verdacht. »Also … wenn es der ist, an den ich denke …«

Mike zuckte mit den Schultern.

»Ist ja nicht grad die feine Art.«

»Phhh.« Wieder zuckte er mit den Schultern, als wolle er sagen: Was kann ich dafür? »So läuft's eben in der Branche.«

Ich schob die Hände in die Hosentaschen. »Na ja, also wenn es der ist, an den ich denke, und wenn das so ist … dann hätten wir tatsächlich bald eine Menge Aufträge.«

»Hör mal.« Mike holte Luft und machte einen Schritt auf mich zu. »Wir können uns eine gol-de-ne Nase verdienen.« Er stand so dicht vor mir, dass ich seinen Zigarettenatem roch.

Unwillkürlich trat ich einen Schritt zurück.

»Überleg's dir gut.« Seine Stimme bebte beinahe vor Eindringlichkeit.

Dann wandte er sich um, drückte auf die Funktaste seines Autoschlüssels und die Rücklichter seines Autos blinkten aufgeregt. Wie ein Hund, dachte ich, der mit dem Schwanz wedelt, weil er sich freut, sein Herrchen zu sehen.

Ein paar Wochen später – in Berlin sollte bald die Mauer fallen und Helmut Kohl würde von blühenden Landschaften sprechen – hatten wir einen Termin bei einem Unternehmensberater.

»Sie wissen, wie man Preise kalkuliert?«

Mike nickte. »Selbstverständlich.«

»So, dass Sie nicht nur Umsatz machen, sondern auch Gewinn?« Der Mann wirkte nicht unfreundlich, aber sehr korrekt, wogegen nichts einzuwenden war, schließlich ging es um Zahlen, und ein Existenzgründungsberater konnte ruhig etwas Buchhaltermentalität mitbringen. Auf jeden Fall war ich froh, dass er keiner von diesen aalglatten BWLern war, die ich aus dem Studium kannte und vor denen mir immer grauste.

»Keine Sorge, Dr. Graudinger.« Mikes Ton war verbindlich,

doch seine Miene schwankte zwischen Beschwichtigung und Amüsement. »Mein Partner und ich kennen den Unterschied zwischen Umsatz und Gewinn.«

Dr. Graudinger schob seine Goldrandbrille zurück. »Entschuldigung, ich wollte Ihnen nicht zu nahe treten.«

»Keineswegs.«

»Sie ahnen nicht, wie viele Leute, die ein Unternehmen gründen wollen, den Unterschied nicht kennen.«

Mike nickte verständnisvoll.

»Dann kann ich auch davon ausgehen, dass Sie mit den Grundlagen der Gewinn-und-Verlust-Rechnung vertraut sind?«

Mike nickte. »Selbstverständlich.«

Ich nickte ebenfalls.

Der Unternehmensberater lächelte, ein wenig nur, aber doch deutlicher als bisher.

»Debitorenbuchhaltung?«, fragte er. »Cashflow? Controlling?«

Mike lehnte sich zurück. Mit dem Zeigefinger strich er über seine rechte Augenbraue und er sah aus, als denke er über das Gesagte nach. »Wir sind keine BWL-Profis«, sagte er schließlich. »Natürlich werden wir unsere Buchhaltung in kompetente Hände geben. Aber wir wissen schon, worüber wir hier reden.«

Der Unternehmensberater lächelte, nun wirklich, sein schmaler Mund verzog sich zu beiden Seiten. Ich biss mir auf die Lippe – Mike konnte es einfach. An der Fachhochschule hatte ich zwei Semester Betriebswirtschaftslehre belegt, trotzdem trat ich nicht annähernd so sicher auf wie er. Das unterschied uns: Ich beantwortete höflich eine Frage, die man mir stellte – Mike überzeugte. Auch mich hatte er am Ende überzeugt: Nachdem er mir den Namen des potenziellen dritten Partners genannt hatte – ein Großkunde unseres bisherigen Arbeitgebers, der einsteigen würde, wenn wir ihn bevorzugt belieferten –, hatte ich zugestimmt, den Schritt in die Selbstständigkeit zu wagen. In der CNC-Programmierung fühlte ich mich inzwischen recht sicher und an Dr. Lorenz sah ich, dass eine eigene Firma zu führen kein Hexenwerk war. Wo wir an Grenzen stießen, würden wir uns eben Know-how von außen holen. So wie jetzt.

Mike zog eine Mappe aus seinem Aktenkoffer. »Schauen Sie, Herr Dr. Graudinger, wir haben schon einmal einen ersten Entwurf für einen Businessplan erstellt.«

Dr. Graudinger hob eine Braue, ein spitzes, auf den Kopf gestelltes V ragte über seinen Brillenrand. Dann schlug er die Mappe auf. Er las Seite für Seite, blätterte ab und zu zurück, nickte, blätterte vor, runzelte die Stirn, machte sich Notizen. Er las langsam und gründlich und verströmte dabei den stillen Charme einer bebrillten Büroklammer.

»Ich kenne da jemanden«, hatte Mike gesagt, als wir überlegten, wer uns bei der Existenzgründung helfen könnte.

»Aber nicht so einen BWL-Schnösel!« An der Hochschule hatte ich gelernt, dass fast alle Klischees, die man über Betriebswirtschaftsstudenten hörte – glatt, geldgeil, FDP-Wähler –, stimmten.

»Keine Sorge, der Mann ist grundsolide. Ein Bekannter, der sich vor zwei Jahren als Betongutachter selbstständig gemacht hat, hat ihn mir empfohlen.«

Nun saß ich diesem grundsoliden Mann gegenüber und sah zu, wie er unseren Plan vor sich auf den Tisch legte. Dr. Graudingers grauer Anzug war nur eine Schattierung dunkler als seine Gesichtsfarbe, sein weißes Hemd ordentlich gebügelt und seine Krawatte eine von denen, die man von wohlmeinenden Tanten und Müttern zu Weihnachten bekam: blau, mit kleinen, etwas heller blauen Karos.

»Das ist schon mal eine gute Grundlage«, sagte er. »Ein paar Positionen sollten wir allerdings noch optimieren.«

In den kommenden Wochen erstellten wir eine Finanzplanung, listeten erforderliche Investitionen und voraussichtliche Betriebskosten auf, kalkulierten Fertigungsgemeinkosten und Fertigungseinzelkosten, Abschreibungen, Zinsen, Raumkosten und Maschinenstundensätze, Zuschläge, Preise, Lohnkosten, Umsatz, Gewinn. Auf der Fahrt nach Hause brummte mir jedes Mal der Schädel. Zugleich spürte ich, wie sich eine ungekannte Zufriedenheit in mir ausbreitete: Je konkreter unsere Planungen wurden, desto ungeduldiger sehnte ich den Tag herbei, an dem es endlich losging.

Schließlich bereiteten wir die Kreditverhandlungen mit der Bank vor. »Ich könnte Ihnen einen Termin arrangieren«, sagte Dr. Graudinger. Wieder trug er einen grauen Anzug, ein weißes Hemd, nur die Krawatte war diesmal braun, mit kleinen, etwas heller braunen Karos. Doch genau dafür schätzte ich ihn inzwischen – für die Berechenbarkeit und Unaufgeregtheit, mit der dieser Mann durchs Leben zu gehen schien und mit der er die Grundlagen unserer Zukunft plante.

»Natürlich nur, wenn Sie das möchten.«

Mike und ich nickten.

Dr. Graudinger nannte den Namen eines Bankhauses.

Mikes Augen leuchteten.

Vier Wochen später quietschten die Gummisohlen unserer Schuhe auf dem Marmorboden, als wir die Bankfiliale in der

Münchner Innenstadt betraten. Die Empfangshalle glich einer Hotellobby – eine Rezeption aus poliertem Holz und Messing, mehrere Grünpflanzen – Palmen? Ich kannte mich da nicht aus – und kleine Sitzgruppen, die man zwischen den Blumenkübeln arrangiert hatte. Eine Frau mit kirschrotem Mund bat uns, Platz zu nehmen, sie würde unserem Gesprächspartner mitteilen, dass wir eingetroffen seien. Ihre sorgfältig manikürte Hand deutete auf eine der Sitzgruppen. Ihr Kostüm saß tadellos, ihr Haar war zu einem eleganten Dutt geschlungen. Alles hier verströmte den Geruch von Geld. Von sehr, sehr viel Geld. Ich fühlte mich wie jemand, der eigentlich nur eine Tafel Schokolade kaufen wollte und sich unversehens in einer Chocolaterie zwischen Pralinés und Trüffeln wiederfand.

»Nicht schlecht, Herr Specht.« Mike pfiff leise durch die Zähne, als wir zu den Sesseln hinübergingen. Er gab sich cool, doch er war beeindruckt, sehr beeindruckt. Geld beeindruckte ihn immer. Vorsichtig setzte ich mich in einen Ledersessel.

»Bloß keine falsche Bescheidenheit.« Mike ließ sich in die Polster sinken. »Sie verdienen an uns.« Er machte eine Geste, als gehöre alles ringsherum ihm. »Ohne Leute wie uns könnten die sich das hier gar nicht leisten.«

»Na ja …« Ich sah mich um und ließ Mikes Worte durch den Raum wehen. Vorsichtig streckte ich die Beine aus. Im nächsten Moment zog ich sie wieder an.

Nach einer Weile lächelte der kirschrote Mund erneut über dem Tresen. »Herr Mosner? Herr Ködel?«

Unsere Sohlen quietschten, als wir das Foyer durchquerten und in den Fahrstuhl stiegen.

»Lasertechnik«, sagte ein smarter Jüngling in der dritten Etage. »Damit lässt sich Geld verdienen?«

»Geld wie Heu.« Rasch glitt Mikes Blick über den gläsernen Schreibtisch, den Chefsessel, ein Laptop, ein Mobiltelefon, die Kunst an den Wänden. Dann bemerkte er den irritierten Blick des Bankberaters.

»Ich meine«, er lächelte, »Lasertechnik ist eine sehr innovative Zukunftstechnologie, die in den kommenden Jahren den Markt umkrempeln wird.« Er neigte den Kopf, wie um etwas abzuwägen – dann erklärte er, dass CO_2-Laserschneidanlagen ein thermisches Trennverfahren nutzten, bei dem innerhalb einer Laserquelle ein Strahl erzeugt, über Spiegel in einen Schneidkopf geleitet und dort mittels einer Linse fokussiert wurde, sodass dieser Strahl mit einer extrem hohen Leistung äußerst schnell, sauber und präzise schnitt, sodass CNC-gesteuerte CO_2-Laser sogar komplizierteste Formen in kürzester Zeit produzierten, und zwar auf allerhöchstem qualitativem Niveau. Er erklärte, in welchen Bereichen Laser bereits eingesetzt wurden, in welchen man sie in einigen Jahren einsetzen würde und warum sie das Potenzial hatten, eine ganze Branche zu revolutionieren. Sprich, warum ihnen ganz einfach die Zukunft gehörte.

Smarties Gesicht blieb skeptisch.

Mike ließ sich nicht beirren. Er erklärte unser Geschäftsmodell, zeigte das Marktpotenzial auf, bezifferte die Wertschöpfung, während ich die jungenhaften Züge unseres Gegenüber betrachtete, seine strenge, von Gel glänzende Kurzhaarfrisur – sollte sie seinem weichen Gesicht ein wenig kühne Entschlossenheit entgegensetzen? Ich musterte den strahlend weißen Kragen seines strahlend weißen Hemdes und das dunkelblaue Sakko – ich kannte mich mit Designeranzügen nicht aus, doch dass dieses Sakko ein Vermögen gekostet haben musste, war sogar mir klar. Smartie sah genauso aus wie die Unternehmensberater, vor denen es mir grauste. Von der Metallbranche hatte er allerdings so viel Ahnung wie ich von den abstrakten Kompositionen in Öl hinter seinem Schreibtisch.

Mike beugte sich vor und öffnete seinen Aktenkoffer. »Damit Sie sich ein Bild machen können.« Er legte eine Mappe auf den Glastisch. »Unser Businessplan.«

»Und hier einige Zahlen zur Umsatzentwicklung in der Branche.« Ich schob ebenfalls eine Mappe über den Tisch, vorbei an einem Silbertablett mit polierten Gläsern und Mineralwasser- und Orangensaftfläschchen.

Smartie blätterte durch die Seiten. Seine Augen flogen über Tabellen, Statistiken, Aufstellungen und ich meinte, eine leise Veränderung in seinen Zügen zu sehen, einen zarten Anflug von Interesse. Zahlen waren ihm vertrauter als CO_2-Laser.

Sein Ton blieb gleichwohl skeptisch.

»Woher stammen die Zahlen?«

»Sie dokumentieren die Umsatzentwicklung unseres dritten Partners«, antwortet Mike. »Ein mittelständisches metallverarbeitendes Unternehmen, das seit Jahren erfolgreich am Markt ist, unter anderem als Zulieferer ...«, er machte eine winzige Pause, »von BMW.«

Er machte erneut eine Pause, etwas länger, und ließ den Klang des Namens nachwirken.

Die drei Buchstaben verfehlten ihre Wirkung nicht. Das Interesse in Smarties Gesicht wuchs.

»Der Markt bietet nicht, was Firmen wie Meininger Metall brauchen«, fuhr Mike fort. »Es gibt einfach zu wenig Unternehmen, die mit CO_2-Lasern arbeiten und ausreichend Zuschnitte liefern können. Meininger will bei uns einsteigen, wenn wir ihn bevorzugt beliefern.«

Smartie sah auf.

Mike hielt seinen Blick. »Das Angebot deckt nicht annähernd die Nachfrage – er muss ständig Aufträge ablehnen.«

»Und diese Firma …« Smartie blätterte durch die Seiten. »Wie heißt sie gleich?«

»Meininger Metall.« Plötzlich hing eine kompakte Stille im Raum, eine beinahe fassbare Konzentration.

»Alfons Meininger ist der Gründer und Geschäftsführer«, sagte ich. »Er hat uns eine Halle auf seinem Firmengelände angeboten, wo wir kurzfristig mit der Produktion beginnen könnten.«

Mike beugte sich vor, ein wenig nur, und senkte seine Stimme. »Alle Beteiligten würden von diesen kurzen Lieferwegen und einfachen Abstimmungsprozessen profitieren. Was sich wiederum positiv auf Umsatz und Gewinn auswirken würde.«

»Natürlich.« Smartie nickte und ich meinte, ihn rechnen zu sehen.

Wir hatten ihn.

»Lassen Sie uns noch einen Blick auf Ihre anderen Zahlen werfen«, sagte er.

Das Tablett mit den Saftfläschchen stand immer noch unangetastet zwischen uns. Spätestens jetzt, dachte ich, könntest du uns wirklich etwas zu trinken anbieten.

Doch ich war höflich und sagte nichts.

Mike und ich erklärten weiter Prognosen, Entwicklungen, Möglichkeiten, Ziele. Am Ende sprachen wir über Konditionen und Zinssätze. Erstaunlich gute Zinssätze.

»Natürlich müssen wir Ihren Antrag erst intern prüfen«, sagte Smartie, als er sich erhob. »Ich muss verschiedene Abteilungen im Haus einbinden und die Kreditanstalt für Wiederaufbau, die das eigentliche Darlehen vergibt, muss natürlich auch zustimmen.«

»Selbstverständlich«, sagte Mike.

»Selbstverständlich«, sagte ich.

Wenige Tage später saßen Mike Mosner, Alfons Meininger und ich beim Notar und gründeten eine GmbH. Wir setzten einen Gesellschaftsvertrag auf, zahlten Stammkapital ein und ließen die GmbH ins Handelsregister eintragen; formal waren wir gleichberechtigte Geschäftsführer, wobei Meininger im operativen Geschäft als stiller Teilhaber fungieren und sich vornehmlich um Meininger Metall kümmern würde.

Wenig später sagte die Bank uns einen KfW-Gründerkredit über 300000 D-Mark zu.

Ich hatte eine Firma.

3

Stille.

Nach einer endlosen Weile taucht ein einzelnes Geräusch aus dem Nichts, ein Rascheln.

Irgendwann ein leises Plätschern.

Knarrende Baumrinden.

Das Seufzen der Äste.

Ich halte die Luft an. Dieser leere Raum …

so leer, so frei …

keine Gedanken, kein Drängen …

nur Stille in meinem Kopf …

Und irgendwann ein weiteres Blatt, das langsam und ohne Widerstreben zu Boden fällt.

Ein Flügelschlag …

ein kalter Hauch …

und noch ein Blatt …

Ich setze mich auf den Stuhl. Atme ein. Atme aus. Lasse die Zeit verrinnen und sehe dem Licht dabei zu, wie es sich verändert, wie die Schwärze der Nacht der Blässe des Morgens weicht.

Stunden später spüre ich, wie kalte, klare Luft über mein Gesicht streicht.

Stille – immer noch.

Endlose Stille … sie umhüllt mich … sickert durch meine

Jacke … meine Haut … durch die zähen Schichten der Anstrengung …

Und noch ein Blatt …

sanfter Fall …

Der Ruf eines Käuzchens, dunkel und schwer.

Und ich sitze. Atme ein. Atme aus.

Nichts tun.

Nur sitzen.

Und sein.

Irgendwann lässt das Rauschen in meinem Kopf nach. Die Aufregung in meinen Adern wird leiser, der Schreck in meinen Muskeln milder. Die Angst im Inneren meiner Knochen schweigt, zum ersten Mal seit Langem.

Der leere Raum nimmt mich auf …

die Zeit gerinnt …

Ruhe zieht durch meine Glieder, breitet sich aus …

das Taube verliert sich, das Schwere …

Nur sitzen.

Bis zum Abend.

In der Nacht regnet es. Kalte Tropfen fallen auf meine Wangen, meine Augenlider, die Haare – ich wache auf. Der Wald ist schwarz und still. Nur der Regen rauscht durch die lichten Kronen der Bäume. Ich krieche tiefer in den Schlafsack, ziehe ihn übers Gesicht.

Und schlafe weiter.

Am Morgen ist der Himmel klar. Ein rosa Mond schimmert hinter kahlen schwarzen Ästen. Wie spät mag es sein?

Egal.

Als ich das nächste Mal aufwache, ist der Himmel blau und der Mond weiß wie Knochen. Er steht weiter westlich, wölbt sich nach links und seine rechte Seite sieht ein wenig zerfranst aus. Die Luft ist kühl, aber nicht kalt, und es hat aufgehört zu regnen, auch die Baumkronen tropfen nicht mehr. Vögel zwitschern über meinem Kopf. Ab und zu ein Rascheln irgendwo im Laub, leises Knacken.

Der Schlafsack ist feucht und ich taste nach dem Reißverschluss – das Geräusch des Schiebers, der über die Zähne fährt, scheint durch den Wald zu schrillen, zerreißt die kostbare Stille. Ich verharre. Schließlich ziehe ich ihn vorsichtig weiter, schäle ich mich aus den Decken, stehe auf, strecke mich. Mein Rücken schmerzt. Meine Glieder fühlen sich taub an. Mein Kopf ist immer noch müde.

Ich setze mich wieder auf den Stuhl.

Rauche eine Zigarette.

Betrachte die Bäume – die schlanken Stämme der Weißerlen, die hohen Weiden. Die Kiefern und Fichten, deren Kronen hoch über mir schweben. Sie bilden ein Dach über meinem Kopf. Meinem Kopf, in dem es wieder rauscht.

Später werde ich das Zelt aufbauen, ja.

Werde Sachen auspacken, ja.

Später …

Ich rauche und höre zu, wie der Wald atmet.

Was wird geschehen?

Wie lange werde ich bleiben?

Ich weiß nichts, nur eines – sie werden nicht mehr kommen und an der Tür klopfen.

Ich muss keine Angst mehr haben.

Keine Angst.

Am Nachmittag ist der Himmel immer noch blau und Sonnenstrahlen fallen durch die Baumkronen. Ich schiebe den Stuhl an einen sonnigen Flecken und breite den Schlafsack über die Lehne.

Ich schaue mich um.

Gehe ein paar Schritte.

Bleibe stehen, schaue wieder.

Im Schutz einer ausladenden Buche klaube ich schließlich etwas Laub zusammen. Es riecht feucht und würzig und ich picke kleine Zweige heraus. Ich sammle umherliegende Äste auf und breite eine Plane aus. Ich baue das Zelt auf, verstaue Taschen mit Pullovern, Socken, Hemden, packe Zahnbürste und Besteck aus, das Werkzeug, das Seil; es beruhigt mich, es in meinen Händen zu spüren. Es wird mich halten, wenn mich nichts mehr hält.

Als es dämmert, setze ich mich wieder auf den Stuhl. Drehe eine Zigarette, rauche. Das Zelt duckt sich unter der Buche, eine graue Halbkugel vor schwarzem Geäst – vor Jahren habe ich es gekauft, für eine Reise mit Peter, doch im Frühjahr vor dem Sommer, in dem wir nach Griechenland fahren wollten, lernte er Anja kennen. Es riecht noch nach Kunststoff. Ich muss mich bücken, um hineinzukriechen. Doch es bietet Schutz.

Endlich.

Endlich bin ich in Sicherheit.

Ich sitze und rauche und höre der Stille zu, lasse sie durch mich hindurchdringen, durch meine Gedanken sinken wie durch Schichten von Sediment.

Als die Sonne untergegangen ist, wird es kühl. Doch ich bleibe sitzen. Schaue und spüre, wie die Taubheit weicht und Ruhe meinen Kopf füllt, meinen Körper.

Keine Menschen.

Endlich keine Menschen mehr.

Niemand wird mich hier finden, das weiß ich, denn zu diesem Platz führt kein Weg und die Menschen bleiben immer auf ihren Wegen, das habe ich oft beobachtet. Mit Sam. Und später allein. Nur Waldarbeiter, Förster und Jäger schlagen sich manchmal durchs Unterholz. Ich muss schauen, ob in der Nähe ein Hochsitz ist.

Ja, morgen …

Oder übermorgen …

Als es vollkommen dunkel ist, stehe ich auf und taste mich zum Zelt. Öffne den Reißverschluss, leise, Zahn für Zahn. Der Schlafsack ist wieder trocken, Kunstfasern trocknen schneller als Daunen, und ich lege mich hin, ruckele mich zurecht im Laub unter der Plane, spüre, wie es sich meinen Körperformen anpasst. Mein Laubbett.

Noch immer tiefe Stille.

Nur ab und zu ein Vogelschrei.

Ein Knarren unter den Baumrinden.

Ein Seufzen in den Ästen.

Die Tage vergehen. Ich schlafe, stehe auf, sitze, schlafe. Irgendwann – ist es der vierte Morgen? Der fünfte? Der sechste? – beginne ich, Kreise zu ziehen. Kleine Kreise, dicht um das Zelt herum. Dann weitere. Kein Hochsitz, nirgends. Keine Gefahr, zufällig entdeckt zu werden.

Ich atme auf.

Hinter einem Weidenbusch stoße ich auf eine Quelle. Damit hatte ich nicht gerechnet – eine kurze jähe Freude packt mich. Von nun an wasche ich mir morgens Gesicht und Hände, putze

Zähne, fülle meine Wasserflasche. Dann gehe ich zurück und setze mich auf meinen Stuhl. Die Sonne scheint und das letzte Laub, das noch an den Zweigen hängt, leuchtet glühend gelb und rot, und ich rauche, atme, sitze. Lasse den Frieden des Waldes in mich dringen und meine hintersten Winkel füllen.

Ab und zu höre ich das Flüstern des Laubes.

Einen Seufzer.

Meinen Seufzer?

Ab und zu trinke ich einen Schluck Wasser. Hunger habe ich nicht. Es ist der Frieden, der mich nährt.

Endlich Frieden.

Als wäre ich angespült worden von heftiger Brandung, und jetzt, nachdem der Sturm endlich weitergezogen ist, die Wellen sich wieder glätten und das Meer sanft wird, bewege ich vorsichtig Arme, Beine, prüfe meine Knochen, suche nach Wunden … Alles ist unversehrt … Langsam richte ich mich auf. Ich stehe, gehe ein paar Schritte, zögernd erst, dann sicherer … und schließlich gehe ich los und fange an, den Raum um mich herum zu erkunden … ihn zu erfassen … ihn einzunehmen …

Eine unglaubliche Erleichterung überkommt mich.

Und gleich darauf Angst.

Angst, dass es nicht wahr sein könnte – ich springe auf, so abrupt, dass der Stuhl kippt. Mein Herz pocht und ich stolpere die wenigen Schritte bis zum Zelt, zurre am Reißverschluss, zerre den Schieber vor und zurück, taste nach – nach was eigentlich?

Mir ist schwindelig.

Ich sinke gegen den rauen Stamm der Buche, halte mich fest.

Tiefer Fall.

Ein Sturz von einer Welt in eine andere.

Lange hocke ich da und warte, dass der Sturm in mir abflaut.

Wie wird es werden?

Was wird geschehen?

Was soll denn noch geschehen?, fragt von fern eine Stimme.

Mit zitternden Fingern ziehe ich das Tabakpäckchen aus der Innentasche meiner Jacke. Taste nach dem Feuerzeug, nehme einen tiefen Zug. Und noch einen.

Ein Knacken.

Mäuse?

Ein Igel? Ratten?

Egal, nur keine Menschen.

Bitte keine Menschen!

Nach Stunden löst sich die Angst. In all den Monaten war sie das Schlimmste – die ständige Angst, dass jemand an der Tür klopft. Dieses Mich-verstecken-Müssen. Dieses Mich-tot-stellen-Müssen. Die zahllosen Forderungen, denen ich schon lange nicht mehr gerecht wurde, gleich, wie sehr ich mich anstrengte.

4

Müde lehnte ich am Tor, rauchte eine Zigarette und wartete auf den Spediteur, der beim Leben seiner Mutter, seiner Frau und der vier Kinder geschworen hatte, heute, und wirklich *heute*, die vor Wochen bestellte und sehnsüchtig erwartete CNC-Steuerung zu liefern.

Auf der gegenüberliegenden Straßenseite führte eine Frau ihren Hund aus, einen Schäferhund mit schwarz-gelbem Fell, seine buschige Rute wedelte hin und her, während er ein paar Holzpaletten umkreiste; die übrigen Paletten hatte man mit dem Gabelstapler ordentlich vor der Warenannahme aufgetürmt, doch ein halbes Dutzend lag neben dem Tor wie vergessen. Dem Hund erzählten sie spannende Geschichten, er schnüffelte und wedelte immer aufgeregter mit seiner Rute. Seine Besitzerin stand geduldig daneben und sah zu. Ich schätzte sie auf fünfzig bis sechzig Jahre, sie trug einen beigen Rock, eine beige Windjacke und robuste Schuhe, wie viele Frauen ihres Alters. Aber warum führte sie ihren Hund im Industriegebiet aus? Zwischen all den Fabrikhallen, Werkstätten und Gewerbehöfen standen nur wenige Wohnhäuser, auch sie meist nüchterne Zweckbauten, die Fenster mit Gitterstäben gesichert, die Vorplätze gepflastert. Keine Blumen, keine bunten Namenschilder – *Hier wohnt Familie Huber mit Andreas, Christine, Lara und Luca* –, keine Strohkränze an den Türen, keine Kinderzeichnungen oder Klebebilder an den Fenstern.

Der eigentliche Ort lag auf der anderen Seite der Landstraße. Auch er war unspektakulär, ein paar Geschäfte und Wirtschaften, Friedhof, Rathaus, Kirche. Doch die Umgebung war schön. In der Nähe erstreckte sich ein großes Naturschutzgebiet, die Isar floss und in der Ferne sah man die Alpen. Ich fand, ich hätte es schlechter treffen können, auch wenn ich nur hergezogen war, weil die Pendelei nach München – gut fünfzig Kilometer in der Frühe, fünfzig am Abend – zu anstrengend war.

Der Hund auf der anderen Straßenseite hob sein Bein und pinkelte an die Paletten. Ich zog an meiner Zigarette und sah noch einmal nach links und rechts. Die Straße war leer.

Kein LKW.

Kein CNC-Steuergerät.

Ich schnippte den Zigarettenstummel fort und ging zurück in die Halle. Es war Viertel nach neun und der Schreibtisch sah aus, wie ich ihn gegen zwei Uhr morgens zurückgelassen hatte: übersät mit technischen Zeichnungen, Skizzen, Berechnungen, Prospekten, Katalogen. Auf dem Fußboden standen leere Pizzakartons und Kaffeebecher – ich hob sie auf und warf sie in die Mülltonne. Vor knapp drei Monaten hatten Mike und ich die Kreditzusage bekommen, seither planten wir und zeichneten, verwarfen und entwarfen neu, holten Angebote ein, verglichen Preise. Wir wollten unsere eigene Laserschneidanlage bauen. Die marktüblichen Modelle funktionierten alle nach demselben Prinzip – ein fokussierter Laserstrahl traf auf Metall, Kunststoff oder Holz und schnitt es unter Zuführung eines Schutzgasgemischs nach programmierten Befehlen –, das ließ sich leicht nachbauen; auch wenn ich kurz vor dem Diplom ausgestiegen war, war ich doch Maschinenbauingenieur. Wir gossen also einen Betonsockel, bestellten einen

Arbeitstisch und montierten Elektromotoren, mit deren Hilfe sich die Arbeitsfläche unter dem Laserstrahl bewegen ließ. Wir installierten Strahlführung, Schneidkopf und Schneidgassteuerung und kauften einen CO_2-Laser, den wir selbst einbauten. Am Ende würde unsere Anlage kleiner sein, nicht leistungsfähig genug, um Stahlblech für den Schiffsbau zu schneiden, doch für den Automobilbau wären wir hervorragend aufgestellt – und hätten dabei 400 000 D-Mark gespart. Alles, was noch fehlte, war die CNC-Steuerung, die wir bei einem Spezialunternehmen in den USA geordert hatten.

Das Telefon klingelte. Ich fuhr zusammen, tastete unter Plänen, Skizzen und Zetteln nach dem Hörer. »Firma Fabricamus, Ködel am Apparat.« Lange hatten wir uns den Kopf über einen Firmennamen zerbrochen, bis ein Kollege eines Abends im Biergarten vorschlug: *Fabricamus*, wir stellen her.

»Also, ich glaube, es heißt ›wir stellen her‹ – ich müsste noch einmal nachgucken, ob ich richtig konjugiert habe.« Er grinste. »Latein war nicht gerade mein Lieblingsfach.«

»*Fabricamus*?« Mike wiegte den Kopf – er sah aus, als betrachte er das Wort von allen Seiten, prüfe es auf seine Tauglichkeit. »Schreibt man das mit C oder mit K?«

»Mit C. Wie Cäsar.«

Fabricamus. Fabricamus, fabricamus ... Das Wort ging gut über die Lippen. »Klingt interessant«, befand ich. »Irgendwie anders.«

»Genau«, sagte Mike. »Es klingt nach irgendwas mit Medizin, wegen dem Latein.«

»Wegen des Lateins.« Der Kollege hob lehrerhaft den Zeigefinger.

»Klugscheißer.«

»Nee, Genitiv.«

»Ärzte haben's doch immer mit Latein«, beharrte Mike. »Ich meine ja nur, nicht dass alle denken, wir machen Medizintechnik.«

Fabricamus … fabricamus … Je öfter ich den Namen vor mich hinsagte, desto besser gefiel er mir. Fabricamus! Das war mal etwas Besonderes. Keiner von diesen einfallslosen, immer gleichen Metall-Blech-Präzisions-Blabla-Namen.

Nach einer weiteren Maß war auch Mike einverstanden.

»Servus, i bin's.« Am anderen Ende der Leitung hörte ich ein Rauschen und eine Stimme, die ich kannte: Alfons Meininger. »Du, sag amoi, wann fangt's ihr endlich an mit der Produktion?« Er rief von seinem Autotelefon aus an. Er war unterwegs.

Ich zog einen der beiden Stühle heran und setzte mich.

»I bin grad auf'm Weg zum Kunden, a Großauftrag. Des werd aber nur was, wann's ihr mir die Platinen zuschneid's.«

»Also …« Ich fuhr mir durchs Gesicht. »Im Prinzip kann's morgen losgehen – wenn endlich die CNC-Steuerung kommt.«

Das Rauschen wurde lauter. Meininger rief etwas, doch seine Stimme klang plötzlich, als käme sie aus einer Häckselmaschine.

Dann brach die Leitung zusammen.

Ich legte auf. Nicht nur Meininger drängte. Wie ein Lauffeuer hatte sich herumgesprochen, dass wir eine Laserschneidanlage bauten, täglich riefen Firmen aus dem Umland an und fragten, ob wir freie Kapazitäten hätten. Der Bedarf war tatsächlich ungeheuer.

Wieder klingelte das Telefon. Sakrament noch mal – Meininger hatte es wirklich eilig.

»Firma Fabricamus …«

»Grüß Gott, hier ist die Firma Fischer und Auerbach in Weilheim.« Noch ein potenzieller Kunde. Ich notierte die Nummer und versprach zurückzurufen, sobald die Produktion lief. Als ich auflegte, spürte ich, wie das Adrenalin durch meinen Körper rauschte.

Verdammt, ich wollte endlich anfangen.

Ich grub die Telefonnummer des Spediteurs aus den Tiefen des Schreibtischs. Eine freundliche Telefonstimme bat mich, in der Leitung zu bleiben, der nächste freie Mitarbeiter würde sich gern um mein Anliegen kümmern. Nach ein paar Minuten ertönte ein Besetztzeichen. »Kruzifix!«

Ich zog das Zigarettenpäckchen aus meiner Brusttasche und zündete eine neue Zigarette an. Jetzt einen Kaffee ... Wenn es wirklich so gut anlaufen sollte, wie es im Moment den Anschein hatte, würde ich als Erstes eine Sekretärin einstellen, die sich um Kaffee und Telefon kümmerte. Und bündelweise die Auftragsbestätigungen und Angebote und Rechnungen verschickte, für die ich letzte Nacht Dokumentvorlagen entworfen hatte. Ich stand auf, ging zum Wasserkocher, der in einer Ecke auf einem Schemel stand, löffelte Pulverkaffee in einen Becher, drückte den Schalter.

Dann lief ich erneut zum Tor.

Sah die Straße entlang, nach links, nach rechts.

Kein LKW.

Kein CNC-Steuergerät.

Wütend ging ich zurück, goss sprudelndes Wasser auf, schob Schaltpläne und Prospekte – *Leistungsstarke Kompaktmaschinen, Hydraulische CNC-Abkantpressen, Schweiß- und Montagetische* – beiseite, fuhr den Computer hoch und begann, die Dokumentvorlagen noch einmal zu überarbeiten.

Als ich wieder aufsah, war es Mittag.

Zum Teufel, wo blieb dieser elende Spediteur?

»Die Quadratur des Kreises!« Mike hielt etwas in die Luft – ein matt glänzendes, perfekt geformtes kreisrundes Stück Edelstahl.

Ich griff danach. »Ja, sauber ...« Die Quadratur des Kreises war es tatsächlich: Nachdem endlich die CNC-Steuerung geliefert worden war, hatten wir tagelang mit Softwareproblemen gekämpft. Erst im Morgengrauen, als draußen die Vögel erwachten, begriff ich, woran es liegen musste. Wäre ich ein Mensch mit Sinn für große Gesten, hätte ich das Stück Edelstahl jetzt sicher geküsst oder in die Höhe gerissen wie einen Weltmeisterschaftspokal. Doch ich war nun einmal der ruhige Typ, strich mit den Fingern über die vollendet glatten Schnittkanten und freute mich ohne Drama.

»Mann!« Mike schlug mir auf die Schulter. »Wir haben's geschafft!«

»Ja.«

»Phhhhht!« Er pfiff durch die Vorderzähne und sah mich an wie einen armen Irren – dann küsste er das Metallteil und warf es breit grinsend mit einer beeindruckend eleganten Flugkurve in einen leeren Karton. Ich zuckte mit den Schultern. Irgendwie hatte ich mir meine Reaktion auch euphorischer vorgestellt, doch nach vier Monaten voller Adrenalin war ich einfach nur erleichtert und glücklich, dass die Anlage stand und lief und genau das tat, was sie tun sollte.

Keine zwei Stunden später hatten wir unseren ersten Auftrag ausgeführt. Mike trug den vollen Karton über den Hof – Meiningers Mitarbeiter würden die Edelstahlkreise prägen und in ein paar Tagen würden sie in funkelnagelneue BMW-Dieselmotoren verbaut. Als Nächstes schnitten wir Spezialdichtungen. Dann Leiterplatten. Dann Rohre mit einem Durchmesser von 140 Millimetern, dann Scheiben, auf denen eine Modellbaufirma Eisenbahnwaggons präsentieren wollte. Wir schnitten Kreise, Rechtecke, Quadrate, Zylinder und Kegel aus Baustahl, Aluminium, Titan, Messing und Kupfer, wir schnitten simple, komplizierte und richtig knifflige Formen, Formen, für die es weder Namen noch Vorlagen gab. Wir schnitten Prototypen in Minuten, die sonst aufwendig gesägt und gefeilt oder mit teuren Stanzwerkzeugen, die man extra anfertigen musste, gestanzt wurden. Alle Programme liefen nun einwandfrei und unsere selbst konstruierte Laserschneidanlage schnitt und schnitt und schnitt und schnitt.

Bald arbeiteten wir zehn, zwölf, vierzehn Stunden am Tag. Ich programmierte, Mike bediente die Maschine, wir arbeiteten Hand in Hand und es war, als hätten wir nie etwas anderes getan. Obwohl wir keinerlei Werbung machten – dafür hätten wir auch gar keine Zeit gehabt –, kamen immer neue Kunden, aus der Nachbarschaft, aus den umliegenden Orten, aus der Region. Doch vor allem Alfons Meininger brachte stapelweise Zeichnungen und Aufträge. Nach zwei Monaten begannen wir, im Schichtbetrieb zu arbeiten und manchmal schickte Meininger einen Arbeiter, der übernahm, wenn Mike oder ich nach Hause fuhren, um ein paar Stunden zu schlafen. Obwohl alles viel besser anlief, als ich es mir je hätte träumen lassen, zögerten wir, eigene Mitarbeiter einzustellen.

Würde es so weitergehen?

Würden wir in einem halben Jahr, in einem Jahr immer noch voll ausgelastet sein?

Klar, sagte Mike. Ich war mir nicht so sicher. Wir beschlossen, die festen Kosten vorerst niedrig zu halten. Nur einen Job besetzten wir: Nach einem halben Jahr stellten wir halbtags eine Sekretärin ein, die sich um Kaffeemaschine und Telefon kümmerte und bündelweise Auftragsbestätigungen, Angebote und Rechnungen verschickte. Es war nicht lange her, dass ich die Vorlagen dafür erstellt hatte – doch mir war, als seien Jahre vergangen.

In der Frühe war die Halle voller Rauch. Ich holte Luft, ging hinein und schloss die Tür. »Servus.«

Christian sah auf. »Servus.« Er hatte mich nicht gehört, denn der CO_2-Laser fraß sich durch eine Sperrholztafel – setzte auf, schnitt, setzte ab, fuhr hoch und weiter, setzte auf, schnitt, setzte ab, fuhr hoch und weiter, unbeirrbar wie ein Roboter. Der er ja auch war.

»Ich programmiere rasch den Schneidplan für Meiningers Teile, dann löse ich dich ab«, sagte ich.

Christian nickte und rieb sich die Augen; sie waren gerötet – weil Holz unter der Hitze des Laserstrahls zu brennen begann, leitete man, anders als bei Stahl, nicht Sauerstoff, sondern Stickstoff als Schutzgas zu, sodass es lediglich an der Schnittfläche kokelte. Trotzdem entstand beißender Geruch, weshalb wir Holzarbeiten, die allerdings selten vorkamen, nachts erledigten. »Ich bin bald fertig.« Christian deutete auf eine fast volle Kiste. Er war keiner, der auf die Uhr sah, wenn ihm die Arbeit Spaß machte. Er war ehrgeizig und intelligent, studierte ebenfalls Maschinenbau und wie ich schimpfte er über die Theorielastigkeit der Ausbildung. Vor zwei Monaten hatte er bei Meininger Metall ein Praktikum gemacht, anschließend boten Mike und ich ihm an, bei uns zu jobben. Das ließ er sich nicht zwei Mal sagen.

Ich fuhr den Computer hoch und breitete die Zeichnungen aus, die Meininger am Vorabend gebracht hatte. Er benötigte vier verschiedene Edelstahl- und zwei Sorten Aluminiumplatinen, jeweils einhundertfünfzig Teile, bis morgen. Außerdem verschiedene Messingplatinen, ebenfalls je einhundertfünfzig Teile. Ebenfalls bis morgen.

Gegen Mittag, Christian war bereits fort und ich schnitt Meiningers Platinen, kam Mike. Er wirkte aufgekratzt, sichtlich zufrieden. »Ich hab zwei neue Kunden, aus München!« Er stand nur noch selten an der Maschine, war meist unterwegs, besuchte Kunden, kümmerte sich um Akquise und Auslieferung. »Sie brauchen Edelstahl- und Titanplatinen.«

»Wie viele?«, fragte ich. »Zu wann?«

»Ingesamt fast tausend, bis nächste Woche.«

»Du weißt, was an Aufträgen auf dem Tisch liegt?«

»Man muss akquirieren, solange die Auftragslage gut ist. Wenn du wartest, bis du nichts mehr zu tun hast, ist es zu spät.«

»Mag sein, aber im Moment haben wir mehr Aufträge, als wir schaffen können.«

»Das kriegen wir schon hin.«

»Wie?«

»Wir haben's bislang immer geschafft, oder?«

Ja, hatten wir. Allerdings hatten wir auch seit Monaten kein freies Wochenende mehr gehabt – und mit Wochenende meinte ich Samstag *und* Sonntag.

»So geht's nicht weiter«, sagte ich ein paar Tage später, als wir die Halle verließen und über den leeren Vorplatz liefen. Es war ein Spätsommerabend, mildes Licht lag über den Hallen und Höfen und die Luft war klar und frisch, erste Anzeichen des nahenden Herbstes. Ich schob den Finger in den Aufhänger meiner Jacke und warf sie über die Schulter. »So geht's nicht weiter«, sagte ich noch einmal.

Mike blieb stehen. »Was ist los?« Er sah mich an, erstaunt, beinahe misstrauisch. »Willst du etwa aussteigen?«

»Aussteigen?« Jetzt war ich es, der stehen blieb, ziemlich abrupt. »Wie kommst du denn auf die Idee? Natürlich nicht.« Ich schüttelte den Kopf. »Im Gegenteil.«

»Im Gegenteil?«

Ich holte Luft. Fabricamus gab es jetzt seit knapp zwei Jahren – wir hatten einen guten Ruf, volle Auftragsbücher und machten hervorragenden Umsatz. Meininger war unser Hauptauftraggeber, doch wir hatten auch einen eigenen Kundenstamm aufgebaut. Wir beschäftigten zwei halbe Mitarbeiter und hatten Arbeit für drei ganze. Die Sache war simpel: Wir mussten wachsen.

»Wachsen«, sagte Mike. Es klang wie ein Echo.

»Genau.« Ich zog ein Zigarettenpäckchen aus meiner Hemdtasche, strich es glatt und klopfte mit dem Fingerknöchel gegen den Boden.

Ohne hinzusehen fischte Mike eine Zigarette heraus. »Wachsen ...«

»Ja, wachsen.« Ich riss ein Streichholz an. »Was ist? Du bist doch sonst so zupackend.« Ich zündete mir ebenfalls eine Zigarette an und zerknüllte die leere Packung.

»Hm.« Mike lehnte sich gegen den Kofferraum unseres Firmenwagens, ein gebrauchter Audi 80. Ich stellte mich neben ihn. Das Blech war noch warm, es hatte die Wärme des Tages gespeichert.

Ein paar Minuten rauchten wir schweigend. Auf der Straße lief die ältere Frau mit ihrem Schäferhund vorbei; ein letztes Mal Gassi gehen vor der Nacht. Eine Amsel sang, ein helles Trillern, und von irgendwo antwortete ihr eine andere Amsel.

»Stell dir vor«, sagte ich und zog an meiner Zigarette, schloss die Augen und spürte, wie der Rauch in meine Lunge drang und die Abendluft über mein Gesicht strich. »Stell dir vor, wir hätten eine größere Halle. Dann hätten wir mehr Platz und könnten eine neue Anlage anschaffen. Wir würden effizienter produzieren. Wir würden Leute einstellen, du würdest weiter akquirieren, ich kümmere mich hier um alles. Wir würden mehr Umsatz machen, mehr Gewinn. Wir könnten Rücklagen bilden – für neue Investitionen oder schlechte Zeiten.«

Schlechte Zeiten? Was redete ich da. Wenn wir etwas seit Gründung der Firma nicht erlebt hatten, dann eine Flaute. Nicht mal eine Fünf-Minuten-Flaute.

»Außerdem könnten wir unsere Gehälter erhöhen«, fuhr ich fort und strich über die Heckklappe des Firmenwagens. Ich wusste, dass Mike für das neue Audi-Cabriolet schwärmte – das Modell 2.6, das im kommenden Jahr auf den Markt kommen sollte, mit 6-Zylinder-V-Motor und 150 PS.

Mike rieb sich das Kinn; seine Bartstoppeln machten ein kratziges Geräusch. Er sah über das Gelände, den kleinen Wald, der sich hinter Meiningers Halle erstreckte. »Ich möchte mal wieder drei Wochen verreisen«, sagte er.

Einen Moment war ich perplex. Ich betrachtete sein Gesicht, um festzustellen, ob er das ernst meinte. Und kam zu dem Schluss, dass er es tat.

»Klar«, sagte ich. »Verreisen kannst du dann auch. Während du irgendwo am Strand liegst, laufen die Maschinen hier nämlich weiter, es gibt keinen Leerlauf, keinen Produktionsausfall, wir haben keinen Umsatzrückgang, keinen Verlust.«

Er zog an seiner Zigarette und ich hörte, wie die Glut knisterte – und plötzlich tauchte in meiner Erinnerung ein Bild auf: Mike und ich, wir gehen über einen leeren Parkplatz, Mike redet auf mich ein, schildert in leuchtenden Farben Möglichkeiten und Vorzüge der Selbstständigkeit, malt geradezu beschwörend aus, wie es wäre, wenn wir unsere eigene Firma gründeten.

Damals hatte ich gezögert.

Wann – und warum – hatten sich die Rollen zwischen uns verkehrt?

Ich wischte den Gedanken beiseite; jetzt war nicht der Moment, darüber nachzudenken. Stattdessen holte ich Luft und nahm einen neuen Anlauf. »Wir müssen technisch auf dem Stand bleiben. Es gibt inzwischen Maschinen mit bis zu 1500 Watt, damit kannst du je nach Legierung acht bis zehn Millimeter starkes Stahlblech schneiden.« Unsere Anlage hatte 300 Watt und schnitt drei Millimeter starkes Stahlblech.

Mike sah mich an.

Ich hielt seinen Blick.

Er zog die Schultern hoch.

»Ich kann dir Prospekte zeigen, von Herstellern aus Deutschland, aus der Schweiz, aus Schottland.«

Mike nickte.

»Wir sollten gut aufgestellt sein, wenn wir unsere Position am Markt auch in Zukunft halten und ausbauen wollen.«

Mike schluckte. Ich sah, wie seine Halsmuskeln zuckten. Er fuhr sich mit der Hand übers Gesicht und stieß einen tiefen Seufzer aus.

»Natürlich müssten wir die neue Anlage finanzieren, aber diesmal können wir eine komplette Anlage kaufen.«

Er zog ein letztes Mal an seiner Zigarette und hielt den Rauch in der Brust, bevor er ausatmete.

»Du hast recht«, sagte er. »Im Prinzip hast du recht, aber es geht mir zu schnell. Ich muss ein bisschen darüber nachdenken.«

Zu schnell? Beinahe hätte ich gelacht. Du bist doch der Schnelle, dachte ich, der Extrovertierte, der Macher. Wieso geht dir auf einmal etwas zu schnell? Doch das sagte ich nicht. Ich sagte: »Klar, kein Problem.«

Mike drückte die Funktaste des Autoschlüssels. Das Auto wedelte mit dem Schwanz. »Gehen wir noch was trinken?«, fragte er und seine Stimme klang versöhnlich.

»Gut«, sagte ich.

Ich zog meine Jacke an und öffnete die Beifahrertür.

Ein paar Wochen später verhandelten wir erneut mit der Bank. Diesmal nicht mit Smartie, für ihn waren wir kleine Fische, bei jedem Anruf hatte er uns einen neuen Berater zugewiesen, der in der Regel keine Ahnung von vorangegangenen Gesprächen und grundsätzlich keine Ahnung von unserem Unternehmen hatte. Stattdessen bot unsere Hausbank uns eine Finanzierung über eine Million D-Mark. Mit unserem Firmenvermögen erhöhten wir unser Stammkapital, anschließend reisten Mike und ich durch Deutschland, in die Schweiz und nach Schottland und sahen uns die neuesten Laserschneidanlagen an, während Alfons Meininger, begeistert von der Vorstellung, dass wir ihn künftig noch schneller und kostengünstiger beliefern würden, den Wald auf seinem Grundstück roden ließ, damit wir eine größere Halle bauen konnten.

Im Sommer 1993 zog Fabricamus um.

Oliver, ein ehemaliger Kollege bei Dr. Lorenz, heuerte bei uns an und Christian brach sein Studium ab und unterschrieb ebenfalls einen Vollzeitvertrag. Wir waren jetzt zu fünft. Wie ich seinerzeit war Christian froh, die endlose Paukerei dröger Theorie hinter sich zu lassen. Natürlich brauchte man Wissen, um sich qualifiziert mit einer Materie zu beschäftigen, das galt für den Maschinenbau wie für alles andere, und dieses Wissen besaßen wir auch. Doch Maschinenbau – das war Praxis! Das war Planung, Entwicklung und Konstruktion. Das waren immer neue Herausforderungen, die beständige Suche nach Lösungen für immer neue Problemstellungen. Ein Abenteuer. Eigentlich ... Allerdings erinnerte ich mich noch gut an den ersten Tag meines Praxissemesters.

Wild entschlossen, mich auf die spannenden Fragen der Zukunft zu stürzen – Automatisierungstechnik! Computer-Aided Manufacturing! Robotik! –, kam ich zu Siemens. Zu einem Trupp von Schlips- und Kragenträgern, die den ganzen Tag im Büro hockten, um bekannte Arbeitsabläufe an bekannten Maschinen effizienter zu gestalteten – eine Herausforderung, packend und mitreißend wie die Erledigung der Ablage in einer Provinzverwaltung. Ich war erschüttert. Warum waren diese Männer Ingenieure geworden? Hatten sie nicht begriffen, dass der Beruf sie zu ganz anderen Abenteuern befähigte? Waren sie freiwillig hier? Waren sie – noch schlimmer – sogar zufrieden, waren sie glücklich in dieser Ödnis?

Schlagartig wusste ich, dass ich so niemals enden wollte.

Die Erfahrungen wirkten nach und führten schließlich zu einer veritablen Sinnkrise. Wie würde meine Zukunft aussehen? Würde auch meine Laufbahn unweigerlich aus immer gleichen Berechnungen von bereits Bekanntem bestehen? War es vielleicht nur einigen wenigen vergönnt, über wirklich spannenden Fragen zu brüten – während die Masse der Ingenieure faden Schreibtischjobs nachging und von Tag zu Tag farbloser wurde?

Je länger ich grübelte, desto mehr zweifelte ich.

Alles, was ich tat, erschien unendlich sinnlos.

Irgendwann stand ich vor dem Nichts.

Als die Prüfungsvorbereitungen begannen, schrieb ich halbherzig ein paar Bewerbungen, ging zu Vorstellungsgesprächen. Und war jedes Mal erleichtert, wenn ich – *zu unserer Entlastung* – meine Unterlagen in der Post fand.

Ich beschloss, mich nicht zur Diplomprüfung anzumelden. Stattdessen heuerte ich auf einem Biobauernhof an, war Elektriker, Mechaniker, Schlosser, Monteur in einem, zuständig für die gesamte Technik, während ich gleichzeitig versuchte, mir darüber klar zu werden, wie mein Leben weitergehen könnte. Eines Tages las ich die Stellenanzeige, in der Dr. Lorenz einen Laserscheider suchte, gern auch mit abgebrochenem Studium.

Vom Laserschneiden hatte ich keine Ahnung. Doch mir war, als sei diese Anzeige nur für mich geschaltet worden.

Was danach geschah, hätte ich mir nie träumen lassen. Aus dem verunsicherten, verwirrten Exstudenten war ein erfolgreicher Geschäftsmann geworden, Mitinhaber eines florierenden Unternehmens. Ein Maschinenbauingenieur, wenn auch ohne Diplom, der täglich vor neuen Herausforderungen stand. Der sich ständig in neue Abenteuer stürzte.

Ein rundum glücklicher Mensch.

5

Ende Oktober scheint immer noch die Sonne und ein stabiles Hochdruckgebiet lässt die Temperaturen auf zehn Grad steigen, auch nachts fallen sie nicht unter den Gefrierpunkt.

Hinter dem Zelt öffnet sich der Platz zu einer Lichtung und ich trage meinen Stuhl in die Sonne, lehne den Kopf zurück und schließe die Augen, spüre die Wärme auf meinem Gesicht. Lausche dem Wispern des Waldes. Dem Atmen der Bäume.

Nach einer Weile ziehe ich den Stuhl ein Stück weiter, folge der Sonne, bis sie am Nachmittag so flach steht, dass sie nicht mehr durch die Baumkronen dringt. Trotzdem bleibe ich sitzen. Zurre den Reißverschluss bis unters Kinn, breite eine Decke über meine Beine. Erst wenn es dämmert, krieche ich ins Zelt, ziehe mir den Schlafsack über den Kopf. Ich döse, lasse mich treiben.

Schlafe, irgendwann.

In der Frühe setze ich mich wieder auf den Stuhl, rauche eine Zigarette, folge der Sonne. Manchmal lese ich Zeitung oder gehe spazieren, lasse die Kreise weiter werden. Doch die meiste Zeit sitze ich einfach nur da und treibe dahin.

Die Tage sind von wohltuender Gleichförmigkeit.

Manchmal, wenn ich döse und dahintreibe, tauchen Erinnerungsfetzen auf: das Haus meiner Kindheit in Franken, die engen Zimmer, die niedrigen Decken … die Großmutter, die auf dem Herd Wasser kocht, und das Plumpsklo im Hof, auf dessen rauem Holzrand im Winter Reif liegt … meine Schwester, deren Hosen, Blusen und Spitzenunterhemden ich auftrage, und alle Jungs im Dorf lachen und rufen mir Mädchennamen hinterher … flüchtige Bilder von der Mutter, wie sie müde von der Arbeit in der Schuhfabrik dem Vater noch auf den Feldern hilft, im Stall bei den Kühen, Hühnern, Schweinen, wie sie den Haushalt macht, kocht, putzt, näht, strickt, die Mutter, die sich um alles kümmert, aber selten um ihre Kinder, dafür bleibt ihr einfach keine Zeit … ein paar weniger flüchtige Bilder vom Vater, der eines Tages Felder und Vieh verkauft und zu Siemens geht … der am Band arbeitet, im Akkord, und jeden Pfennig spart, sich nichts gönnt, nie verreist und schließlich seiner Familie ein eigenes Haus baut, mit fließend warmem Wasser und Spülklosett … der Vater, der streng ist und still, sich nicht aus der Ruhe bringen lässt und mir nie eine einzige Ohrfeige gibt (ganz anders als die Mutter) …

Manche Erinnerungen machen mich traurig.

Aber nicht allzu sehr.

Andere sind schön.

Doch sie freuen mich nicht.

Es ist, als schwebte ich in einer Blase und alles, was aus dem Dunst der Welt, aus der Ursuppe des Lebens heraufsteigt, prallt sanft an ihrer Außenhaut ab. Es bleibt immer ein Abstand. Ein Abstand, der Sicherheit schafft.

So treibe und treibe ich durch die Zeit …

sehe nicht zurück, nicht nach vorn …

denke nicht über den Winter nach und wie es werden wird …

lebe von Tag zu Tag, dankbar für die Ruhe, die mich umgibt …

Ich habe kein Problem gelöst. Aber ich habe mich aller Probleme entledigt.

Ich bin fort – und werde bleiben, solange es geht.

Hier, im Wald.

In diesem Wohnzimmer.

In den ersten Tagen aß ich nichts, trank nur ab und zu etwas Wasser. Dann leerte ich die Konservendosen, die ich mitgebracht hatte, aß Bohnen, Ravioli, Eintopf, kalt, denn ich wollte kein Feuer machen, es schmeckte nicht besonders gut, doch ich gewöhnte mich daran.

Irgendwann sind alle Vorräte aufgebraucht.

In der Nacht stehe ich auf, taste nach der Taschenlampe, stopfe einen leeren Beutel in meine Jackentasche. Eine schmale Mondsichel steht am Himmel und in ihrem blassen Licht laufe ich durchs Unterholz, steige das Gefälle hinauf, schiebe die Zweige des Buschs, der wie eine Wand den Zugang zum Platz verdeckt, beiseite und krieche weiter. Das Laub ist nass und die Luft satt vom Geruch von Moos und Moder. Ab und zu gleitet ein Schatten über die hohen Baumstämme, rutscht herab, fällt zu Boden, und irgendwo in der Ferne höre ich das Geräusch eines vorbeifahrenden Autos. Vorsichtig taste ich mich durch die Dunkelheit, bis ich die zweite Stufe des Hangs erreiche.

Ein gellender Schrei.

Ein jähes, markerschütterndes Krähen.

Abrupt bleibe ich stehen. Knallender Flügelschlag, dicht über meinem Kopf – unwillkürlich ducke ich mich. Nach langen Sekunden senkt sich wieder Stille über den Wald und es scheint, als sei sie jetzt tiefer als zuvor, Zweige krachen laut unter meinen Schritten, als ich weitergehe. Feuchte Gräser streifen meine Beine und ich spüre, wie der Stoff meiner Hose an meinen Schienbeinen klebt.

Wieder das Geräusch eines Autos, näher diesmal.

Und dann – die Landstraße.

Wie ein schwarzes Band liegt sie da, ein Band, das aus der Dunkelheit kommt und in der Dunkelheit verschwindet, schwarze Leere nach links und nach rechts.

Kein Fahrzeug.

Kein Mensch.

Rasch laufe ich über den Asphalt und tauche in den Wald auf der gegenüberliegenden Straßenseite, laufe durchs Unterholz, bis ich auf den Weg stoße, der leicht ansteigt, eine Linkskurve beschreibt und schließlich in eine Straße mündet.

Die Straße, in der ich gewohnt habe.

Sie wirkt friedlich, so menschenleer. Schlafende Fabriken, verlassene Werkhallen, die sich in die Nacht ducken wie scheue Wesen.

Die Stahlbaufirma

der Holzhandel

die Wäscherei

die Autowerkstatt

der Königreichsaal der Zeugen Jehovas.

Dahinter – mein Haus.

Die Rollläden sind heruntergelassen. Neben der Haustür steht ein Container. Ich erkenne eine Lampe. Die Couch. Den Schrank, der im Wohnzimmer stand – zersplittertes Holz, geborstene Plastikteile, Glasscherben. Der Fernseher. Polster, zerrissene Kissen, alte Zeitungen.

Egal.

Kein Gefühl.

Totes Herz.

An der nächsten Straßenecke biege ich rechts ab. Laufe lautlos durch die Nacht, vorbei am Fliesenmarkt, am Containerverleih, an der Betonfabrik. Am Ende der Straße biege ich links ab. Etwas entfernt rollt ein Auto langsam über einen Parkplatz. Ein Sicherheitsdienst? Ich bleibe stehen, verharre, werde eins mit der Dunkelheit. Langsam rollt das Auto weiter, über den Bürgersteig auf die Straße, hält an, fährt weiter. Es fährt auf mich zu.

Es fährt an mir vorüber.

Der Fahrer nimmt mich nicht wahr. Er fährt die Straße hinauf, als habe der Atem der Nacht auch ihn gestreift, ihn heruntergedimmt wie alle Geräusche, Bewegungen, alles Leben. Ich sehe ihm nach, bis die roten Lichter langsam hinter einer Kurve verschwinden.

Der Supermarkt liegt in einer Nebenstraße, nur wenige Meter von der Hauptstraße entfernt, die den Ort schnurgerade wie ein Pfeil durchtrennt. Der Parkplatz ist leer; ein beinahe unwirklicher Anblick. Neben dem Eingang steht eine Reihe Einkaufswagen, einer ordentlich in den anderen geschoben, ein schlafender Wurm aus Metall, ein Tausendfüßler auf Rollen. Leise laufe ich weiter, vorbei an Plakaten – *Hackfleisch diese Woche im Angebot! Superknüller: Margarine für –,99 D-Mark!* – bis zum Ende des Gebäudes. An seiner Rückseite eine Senke.

Ich sehe mich um.

Alles ist still. Ein Häuserblock grenzt an den Parkplatz, doch hinter keinem Fenster brennt Licht. In der Tiefe der Nacht schläft die Welt und niemand bemerkt mich. Ich taste nach der Taschenlampe, lasse ihren Kegel vorsichtig über die Rampe gleiten, über ein Gitter, dahinter Kisten, leer und lose aufeinandergetürmt. In anderen, ordentlich aufgestapelt, ist vielleicht Ware, das kann ich von hier aus nicht erkennen. Es interessiert mich auch nicht. Ich bin nicht gekommen, um zu stehlen.

Ich wende mich um und gehe auf die Container zu.

Als ich nicht mehr in die Firma ging und zu Hause auf der Couch lag und dahintrieb, Zeitung las oder fernsah, sah ich eines Tages einen Film übers Containern. So nannten die Jugendlichen es, wenn sie Lebensmittel, die Supermärkte und Discounter wegwarfen, aus dem Müll fischten – Lebensmittel, deren Mindesthaltbarkeitsdatum ablief, Obst und Gemüse mit Druckstellen, Brot und Saft, deren Verpackungen Dellen hatten. Lebensmittel, die unverkäuflich waren, übrig, zu viel. Manche Jugendliche hatten kein Geld und versorgten sich deshalb aus dem Abfall, andere waren politische Aktivisten und wollten der Wegwerfgesellschaft ihre Verschwendung vor Augen führen.

Das kannst du auch machen, dachte ich damals, wenn du eines Tages kein Geld mehr hast.

Doch damals kam ich noch zurecht, hatte immer noch ein paar Ersparnisse.

Jetzt öffne ich vorsichtig den Deckel des Containers. Ein lautes, hässliches Klacken – ich erschrecke. Verharre. Sehe mich vorsichtig nach allen Seiten um.

Doch die Welt schläft.

Ich beuge mich vor. Ein leicht süßlicher Geruch steigt mir entgegen, als ich mit der Lampe ins Innere des Müllcontainers leuchte: Kohlköpfe, rote und gelbe Paprikaschoten, Gurken, Salatköpfe. Packungen mit Salami und Käse, Becher mit Joghurt, mehrere Tüten mit geschnittenem Brot. Im fahlen Licht begutachte ich das Gemüse – die Salatköpfe haben ein paar welke Blätter, doch nichts ist vergammelt. Nichts stinkt oder ist glitschig. Es ekelt mich nicht. Da ist nur dieser süßliche Geruch, der wohl allen Mülltonnen zu eigen ist, selbst leeren. Die Maden, hatten sie im Film gesagt, seien immer unten. Oben liege die frische Ware. Die frisch entsorgte Ware.

Weil ich im Wald nicht kochen kann und kein rohes Gemüse mag, schiebe ich Paprika, Gurken, Kohl beiseite und greife nach dem Brot, dem Käse, der Wurst, dem Joghurt. Ich weiß nicht genau, welcher Tag ist, darum weiß ich nicht, ob die Haltbarkeitsdaten abgelaufen sind, doch die Lebensmittel sehen tadellos aus. Ich stopfe sie in meinen Beutel.

Ganz unten, sagt eine Stimme in meinem Kopf, jetzt bist du ganz unten angekommen.

Ich wische sie fort wie ein lästiges Insekt und der Gedanke verschwindet so selbstverständlich, wie er aufgetaucht ist, versinkt im Dunst, löst sich auf. Warum sollte ich nicht zugreifen? Der Container ist randvoll mit Lebensmitteln – ich muss mich nicht einmal bücken, mich nur bedienen, mir nehmen, was mir schmeckt: Tomaten, einen Kürbis, Fertigcannelloni, Grießpudding, Zitronen, Zwiebeln, Toastbrot, Schokowaffeln. Es ist so reichlich zu essen da, ich könnte eine Familie versorgen. Eine Fußballmannschaft. Eine ganze Belegschaft.

Alles, was sie in dem Fernsehbeitrag gesagt haben, stimmt, denke ich. Kein Wort war falsch oder übertrieben.

Ich taste weiter durch die Abfälle, finde eine Flasche Limonade und – eine Packung Zigaretten! Werden Zigaretten schlecht? Warum hat man sie weggeworfen? Weil die Packung am Deckel abgestoßen ist? Kopfschüttelnd stecke ich sie in meine rechte Jackentasche, die Limo in die linke, stopfe noch etwas Brot, Käse und Wurst in meinen Beutel. Dann schließe ich den Containerdeckel, ducke mich wieder in die Dunkelheit und laufe mit meiner Beute zurück durch die leeren Straßen, durch die schlafende Welt, in die Tiefe der Nacht.

Als ich an meinem Haus vorbeikomme, streift mein Blick flüchtig die Lampe, die Couch, den Schrank, den Fernseher. Die grünen Polster, die ich für die Terrassenstühle gekauft habe. Ich nehme eines, schüttele Glas- und Holzsplitter herunter, klemme es unter den Arm und laufe weiter.

Totes Herz.

Im Dezember beginnt es zu schneien. Bald liegt der Schnee knöchelhoch, dann kniehoch. Ein kalter Ostwind weht, eisiger Geisteratem bläst zwischen den Bäumen hindurch, wirbelt Schneeflocken durch die Luft. Die Zweige beugen sich tief, die Kälte kriecht unter die Haut, beißt in der Nase, den Lungen, das Licht wird unwirklich bleich. Die Zahnpasta gefriert in der Tube. Meine Wasserflaschen platzen.

Irgendwann brechen Äste, Schnee stürzt aus großer Höhe herunter wie ein Geschoss, stürzt aufs Zelt oder landet mit dumpfem Aufprall am Boden. Ich wische über die Zeltbahnen, suche nach Rissen, fürchte, die Stangen könnten brechen. Nachts schlafe ich unruhig. Wie lange wird das Zelt standhalten?

Irgendwann fallen die Temperaturen unter den Gefrierpunkt. Ich ziehe alle Pullover übereinander, Socken, meine Jacke, krieche in den Schlafsack, breite Decken über mich. Stehe wieder auf, laufe im Kreis herum, trete auf der Stelle, bewege mich, um nicht zu erfrieren.

In manchen Nächten laufe ich in den Ort und hole Lebensmittel. Wieder zurück, krieche ich sofort in meinen Schlafsack. Ich verlasse das Zelt nur noch, wenn ich muss – der Schnee ringsherum isoliert es, wie in einem Iglu ist es drinnen wärmer als draußen, fünf Grad, vielleicht zehn, doch zehn Grad sind viel, wenn draußen minus zwanzig Grad herrschen. Minus 23 Grad – so steht es Ende Januar in der Zeitung.

Und der Frost wird noch grimmiger. Wenn ich zur Quelle gehe, schimmert, wo das Wasser nicht genügend strömt, weißes Eis. Die Luft klirrt und das Atmen schmerzt. Weit und breit kein Tier, kein Geräusch – unheilige Stille. In einer plötzlichen Metamorphose hat sich der Wald in eine weiße Wüste verwandelt. Alle Äußerungen von Leben sind erstorben. Auch meine Gedanken werden langsamer. Wie ein Tier im Bau liege ich im Zelt, verharre in Winterstarre.

Lethargisch, wie in den letzten Monaten in meinem Haus.

Nein … das Verhalten ist gleich, doch ich fühle mich freier. Entspannter, jedenfalls in den Momenten, in denen die Angst zu erfrieren für kurze Zeit nachlässt.

Und immer wieder tauchen neue Fragmente auf, zerfranste Überbleibsel vergangener Tage: meine Schwester, die auf mich aufpassen muss … die Nachbarskinder, mit denen ich auf der Straße spiele … das Dorf, das ich, als ich eingeschult werde, noch nicht verlassen habe … fünfzig Kinder in einer Klasse, strenge Lehrer, Ohrfeigen … Rechenstunden, die ich liebe … der Sonntagsgottesdienst, unbarmherzige Pflicht mit langweiligen Predigten und ewiger Singerei, die mir auf die Nerven geht … doch die Mutter ist sehr religiös und besteht darauf …

Die Bilder steigen auf …

ziehen vorüber …

gleiten fort …

Ich gleite fort, durch das Zwischenreich zwischen Schlaf und Wachsein …

Bis ich erwache, mit eiskalten Gliedern. Steif vor Kälte

schiebe ich dicke Deckenschichten beiseite, krieche hinaus, trete auf der Stelle. Klopfe mit beiden Händen über Arme, Beine, mein Atem ist weiß und die kleinen Tropfen Feuchtigkeit, die sich in meinem Bart bilden, an den Wimpern, gefrieren in Sekundenschnelle.

Rasch verkrieche ich mich wieder. Lese eine Zeitung, die ich so klein falte, dass ich sie mit einer Hand halten kann, nur meine Hand schaut aus dem Schlafsack, mein Gesicht. Irgendwann schlafe ich ein …

wache auf …

schlafe ein …

treibe dahin …

In einer eisigen Nacht Anfang Februar taste ich mit Fingern steif wie Stöcke durch die Taschen am Fußende des Schlafsacks. Bis ich das Seil finde. Fest und hart.

Es beruhigt mich.

Und doch – ich will nicht sterben.

Will nicht erfrieren.

Will auch nicht in den Ort gehen und um Hilfe bitten.

Das vor allem nicht. Will nichts hören, niemanden sehen, will nichts mehr mit der Welt zu tun haben. Ich habe mich so angestrengt, so bemüht, bis ich leer war und nicht mehr wusste, was ich noch tun konnte. Auch jetzt weiß ich es nicht. Will auch nicht darüber nachdenken. Ich habe keine Kraft mehr.

Keine Kraft mehr.

Ein martialisches Krachen. Ein Splittern, ein Tosen, ein Heulen – und im nächsten Moment ein Einschlag, ganz dicht.

Mir bleibt beinahe das Herz stehen. Zitternd taste ich nach dem Reißverschluss.

Vor dem Zelt liegt ein Ast, dick wie das Bein eines Mannes.

Ich starre ihn an. Mein Herz rast.

Am anderen Morgen sitzt mir der Schreck noch in den Knochen. Der Ast ist jetzt zur Hälfte eingeschneit, mehr als zehn Zentimeter Neuschnee, weiße Kristalle vor schwarzer, schwieliger Borke – es sieht schön aus, beinahe. Friedlich, irgendwie.

Ich bücke mich, hebe ihn mit beiden Händen hoch und trage ihn fort.

Später gehe ich zur Quelle. Überall herabgestürzte Zweige, zersplitterte Äste. Ich steige über Baumstämme, sinke in Kuhlen, die unterm Schnee nicht zu sehen sind. Wieder bläst heftiger Ostwind und in den Baumkronen kracht es. Ich sehe in die Höhe. Überall ragen schwarze Aststummel hervor wie Stümpfe amputierter Arme. Und wieder gerät irgendwo eine Last ins Rutschen, stürzt zu Boden. Nur auf den Weiden, fällt mir plötzlich auf, liegt kaum Schnee. Die Flocken rutschen, kaum dass sie auf ihren Ästen und Zweigen landen, sofort wieder herunter.

Und ich begreife: Ich muss sein wie die Äste der Weiden, beweglich und geschmeidig im Widerstand gegen die Elemente.

Am Tag darauf trage ich meine Wasserflaschen zur Quelle. Die Fließgeschwindigkeit des Bachs ist gering, doch sie reicht, um zu verhindern, dass das Wasser gefriert und die Flaschen platzen. Ich döse nicht, sondern lese den ganzen Nachmittag Zeitung. Am Abend überkommt mich eine seltsame Befriedigung: wieder ein Tag geschafft.

Irgendwann verspüre ich eine Art Ehrgeiz. Ich will diesen Winter überleben. Im Haus wurde alles immer schlimmer und am Ende habe ich verloren. Im Wald wird es immer kälter – doch hier will ich nicht verlieren. Hier will ich es schaffen.

Geschmeidig wie ein Weidenzweig.

Widerständig wie das fließende Wasser.

6

Baustahl, zwanzig Millimeter. Edelstahl, zehn Millimeter. Aluminium, sechs Millimeter, und später Kupfer, zwei Millimeter; Kupfer kam selten vor.

Vor Mitternacht würde ich nicht fertig werden.

Ich holte die nächste Blechtafel, spannte sie ein und programmierte die Daten für den Schneidplan: Die gewünschte Form bestand aus einem Strahlenkranz in der Mitte, sechs nierenförmigen Ausschnitten kreisförmig darum herum, das Ganze wurde eingefasst von einem Rand mit sechs rechtwinkligen Ausbuchtungen – ein wenig erinnerte die Form an alte Herdplatten oder Ofenringe. Doch diese Platinen würden in Kühlanlagen verbaut.

Die Laserschneidanlage hatte sich gerade in Bewegung gesetzt, da spürte ich eine Hand auf meiner Schulter. »Ich mach Schluss.« Der Lärm der Maschine übertönte beinahe Christians Stimme.

Ich wandte mich um. »Wart mal, kannst du am Samstag vielleicht die Frühschicht übernehmen? Mike kommt nicht rechtzeitig aus Augsburg zurück und ich muss dringend ein paar Sachen erledigen.« Ich griff nach meinem Becher, in dem noch ein Rest Kaffee stand.

Christian verzog das Gesicht. »Wir sind bei Kathrins Eltern eingeladen, am Chiemsee.«

Der Kaffee war kalt geworden und schmeckte bitter, ich

schluckte und wischte mir über die Lippen. »Wenn du bis elf oder zwölf Uhr einspringen könntest, wäre das auch schon eine Hilfe.«

»Kann Oliver nicht übernehmen?«

»Der macht die Sonntagsschicht.«

Christian, der eigentlich nie auf die Uhr sah, seufzte.

»Ich löse dich ab, sobald es geht.« Ich zog ein Päckchen Kaugummi aus der Hosentasche und riss das Stanniolpapier auf. »Ich beeil mich, spätestens um zwölf bin ich zurück, versprochen.« Ich bot Christian ein Kaugummi an.

Er schüttelte den Kopf.

»Allein schaff ich's einfach nicht.« Außer dem Kühlanlagenhersteller hatten noch drei weitere Kunden zusätzliche Bestellungen aufgegeben, allesamt dringend und eilig.

Christian seufzte wieder. »Okay, aber um zwölf bin ich auf der Autobahn.«

»Klar.« Ich nickte, schob mir ein Kaugummi gegen den bitteren Kaffeegeschmack in den Mund und beruhigte mein schlechtes Gewissen mit dem Gedanken an Christians jüngste Lohnerhöhung. Junge Metallfacharbeiter verdienten etwa 2000 D-Mark – wir zahlten unseren Mitarbeitern 3000, Christian sogar 3500 D-Mark. Gute Leute, fand ich, sollten gut verdienen, und Christian war unser bester Mann.

Er legte den Kopf auf die Seite und sah mich an, als ahnte er meine Gedanken. »Eigentlich …«, sagte er, »müsstest du's Kathrin erklären.«

Ich zögerte, dann zuckte ich mit den Schultern. »Na ja, das kann ich machen …« Hinter uns zischte der Laser wie ein wütendes Tier.

Christian grinste. Kathrin war nett und klug und sehr direkt, sie sagte, was sie dachte, und sie dachte, dass ihr Freund zu viel arbeitete. Dass wir alle zu viel arbeiteten. Sie hatte recht. Ich verbrachte weit mehr als vierzig Stunden in der Firma, oft sechzig – doch die Arbeit machte mir Spaß. Unsere Kunden brauchten uns. Es war nun einmal so, dass Aufträge unvorhergesehen hereinkamen, und wenn wir sie nicht ausführten, konnten andere nicht kanten, formen, prägen, konnten Teile nicht verbaut werden, standen Bänder still. Gerade in der Automobilbranche wollten Entwicklungsingenieure Teile, die sie neu konstruiert hatten, möglichst schnell ausprobieren, um weiter planen zu können. Da ließ ich nicht nach 38,5 Stunden den Griffel fallen. Selbstständigkeit erforderte Flexibilität. Man musste sich nach seinen Kunden richten: *Heute bestellt, gestern geliefert,* lautete mein Credo. Das war Dienstleistung. Und weil wir nicht nur gute Ingenieure und Maschinenschlosser, sondern auch gute Dienstleister waren, waren wir so erfolgreich.

So simpel war das.

Für Christian stellte sich die Situation natürlich anders dar, er war angestellt, doch ich fand, ich hatte keinen Grund zu klagen. Mike und ich bauten etwas auf, ein wachsendes Unternehmen, unsere Zukunft. Seit acht Jahren waren wir nun erfolgreich am Markt und unser Umsatz stieg weiter kontinuierlich. Mit etwas Glück würden wir um die Jahrtausendwende die Eine-Million-Marke knacken. Dafür konnte man schon mal ein bisschen Engagement zeigen … Außerdem trugen wir unternehmerische Verantwortung, sechs Mitarbeiter mit ihren Familien hingen inzwischen unmittelbar davon ab, dass wir immer volle Auftragsbücher hatten. Niemals würde ich zu einem Kunden sagen: Tut mir leid, es ist Freitagnachmittag, vor nächster Woche wird das nichts mit Ihrem Auftrag. Ach, Sie haben dann Produktionsausfall? Wie dumm, aber das ist leider Ihr Problem, da kann ich nichts tun …

»Schon gut, ich red mit Kathrin.« Christian winkte ab und schob die Hände in die Hosentaschen. »Also, servus dann.«

»Servus.« Ich sah ihm nach, wie er durch die Halle lief, leicht vornübergebeugt, wie einer, der ein Match verloren hatte, und mein schlechtes Gewissen löschte jede Erinnerung an die jüngste Lohnerhöhung aus. Ich schätzte Christian, als Kollegen und als Mensch, er war ein stiller, genauer Beobachteter, freundlich, verbindlich und ausgleichend; unser gutes Betriebsklima war auch sein Verdienst. Außerdem war er extrem intelligent, ohne das je vor sich herzutragen, und ein ausgezeichneter Schachspieler; ich war ein paar Mal gegen ihn angetreten und hatte jedes Mal verloren. Ich mochte ihn und wollte ihm keine Schwierigkeiten bereiten.

Aber wie sollte ich es sonst schaffen?

Auf dem Display erschien eine Meldung: *Auftrag erledigt*. Der Laser setzte ab, die Anlage fuhr in die Wechselposition. Rasch räumte ich die Platinen ab und warf sie in einen bereitstehenden Karton. Dann spannte ich eine Sechs-Millimeter-Aluminiumtafel ein und rief ein neues Schneidprogramm auf. Der Schneidkopf setzte sich in Bewegung, setzte auf, schnitt, setzte ab, fuhr hoch und weiter, präzise fraß sich der Laserstrahl durch die Blechplatte, unbeirrbar und ohne müde zu werden, und während ich zusah, durchfuhr mich plötzlich ein merkwürdiges Gefühl. Ja … ich war stolz. Ich war stolz und dankbar für alles, was wir erreicht hatten. Streng genommen war ich immer noch ein einfacher Maschinenschlosser, ohne unsere Firma würde ich irgendwo für 2000 D-Mark Schrauben drehen. Stattdessen war ich frei und unabhängig, niemand machte mir Vorschriften. Ich wohnte in einem schönen Haus, hatte ein Auto und mehr Geld, als ich brauchte. Ich hatte es wesentlich besser getroffen als die Schlips- und Krageningenieure und gemessen an den Verhältnissen, aus denen ich kam, hatte ich es ziemlich weit gebracht.

Als der Schneidplan durchgelaufen war, räumte ich die Platinen ab und ging ins Büro, wo Claudia, unsere neue Sekretärin, Lieferschein und Rechnung bereitgelegt hatte. Sam gähnte, als sich mich sah.

»Na, Mädchen.« Sie knickte die Vorderläufe ein und streckte sich und ich bückte mich und kraulte sie hinter den Ohren. Sam seufzte vor Wonne. Ein Bekannter hatte sie aus Transsilvanien mitgebracht, sie war ihm zugelaufen, ein herrenloser Welpe, und weil herrenlose Straßenhunde in Rumänien als Plage galten und eingefangen, erschlagen oder vergiftet wurden, nahm er sie mit. Anfangs adoptierten seine Nachbarn Sam, die kleine Tochter schleppte sie überall mit hin, auch ins Bett, weshalb die Eltern bald darauf bestanden, dass der Hund wieder auszog. Der Bekannte fragte, ob ich sie aufnehmen würde. Als Kind hatte ich mir oft einen Hund gewünscht, als Spielkameraden und stillen Begleiter, doch die Mutter schimpfte, sie habe schon genug Arbeit. Nun zog Samantha, wie sie eigentlich hieß, bei mir ein. Mit ihrem schwarzen Fell und den Schlappohren sah sie aus wie eine Kreuzung aus Setter und Berner Sennenhund, und jedes Mal, wenn sie mich mit feuchten Augen ansah und meine Hand leckte, wurde mir warm ums Herz. Längst war sie wie eine vertraute Freundin und ich staunte immer wieder, mit welcher Feinfühligkeit sie es spürte, wenn ich einmal müde war, zweifelte oder mich nach Gesellschaft sehnte, und ihren Kopf auf mein Knie legte, als wolle sie mich trösten. In diesen Momenten wurde mir bewusst, wie selten ich mich noch mit Freunden traf. Gregor, Volker und Markus, mit denen ich studiert hatte, arbeiteten in Würzburg und München, eigentlich keine Entfernung. Werner war nach Berlin gezogen, die beiden Karins hatten geheiratet, da war es schon schwieriger, Kontakt zu halten. Auch Peter, Karl und Rainer, mit denen ich zur Schule gegangen war, sah ich nur noch, wenn ich heimfuhr ins Dorf und meine Eltern und Margaretha und ihre Familie besuchte, ein oder zwei Mal im Jahr. Rief ich spontan meine ehemaligen Kollegen in München an, um in den Biergarten zu gehen oder am Wochenende in die Berge zu fahren, hatten sie nie Zeit, weil sie inzwischen Familie hatten. Selbst hatte ich es nicht eilig, zu heiraten und Vater zu werden, doch manchmal wünschte ich mir eine Partnerin.

Aber irgendwie hatte ich die Richtige noch nicht getroffen.

»Wir müssen wachsen.« Meine Stimme klang fest und entschieden; immer wieder hatte ich darüber nachgedacht und immer wieder war ich zu demselben Ergebnis gekommen.

Ich machte eine kurze Pause, um zu sehen, wie meine Worte angekommen waren. Mikes Gesicht war ausdruckslos. Ich legte etwas mehr Nachdruck in meine Stimme. »Wir müssen weiter wachsen – wachsen oder weichen.« In der Landwirtschaft war diese Parole irgendwann zum Mantra geworden: Höfe sollten moderner, leistungsfähiger, rentabler werden – oder schließen und verkaufen, weil sie unrentabel waren. Und dieses Prinzip galt in allen Bereichen der Ökonomie, überall war Wachstum das zentrale Moment. Ohne Wachstum stagnierte die Wirtschaft, verloren Menschen ihre Jobs, hatte der Staat keine Steuereinnahmen. Wachstum sicherte unseren Wohlstand, finanzierte die öffentliche Verwaltung und die Sozialsysteme. Ohne Wachstum funktionierte keine Marktwirtschaft – Wachstum war der Motor allen Erfolgs.

»Ich … will … nicht … wachsen …« Mike sprach langsam, mit Pausen zwischen den einzelnen Wörtern, sodass jedes mit der Wucht eines Hammers hervorbrach. »Ich will endlich wieder Urlaub machen.«

»Urlaub?« Beinahe hätte ich mich verschluckt.

Mein Gesichtsausdruck musste dem eines armen Irren gleichen, denn Mike lachte auf, laut und bitter. »Ja, Urlaub. Weißt du noch? Man packt einen Koffer, steigt in ein Flugzeug und reist an einen schönen Ort irgendwo auf dieser Welt, wo man faul am Strand liegt, während andere einem das Bett machen und das Essen servieren und man selbst nichts, absolut gar nichts tun muss, außer sich zu erholen.« Er sah mich an – ein Gesichtsausdruck wie ein Fausthieb.

Einen Moment lang war ich perplex.

»Die Häuser dafür nennt man übrigens Hotel.« Mike ging auf mich zu, baute sich so dicht vor mir auf, dass ich seinen kalten Raucheratem roch. »H-O-T-E-L! Schon mal gehört?«

Es war nicht leicht, mich aus der Ruhe zu bringen, aber jetzt spürte ich, wie Wut in mir aufstieg. »Ja, kenne ich.« Meine Stimme klang mühsam beherrscht. »Auch wenn ich lieber zelten gehe, weil mir das einfache Leben in der Natur lieber ist, als im Pool zu liegen und Drinks zu schlürfen, während um mich herum kreischende Animateure herumhopsen wie hyperaktive Kleinkinder.«

Mike sah mich an, als würde er mir am liebsten den Hals

umdrehen. Es war nicht unsere erste Auseinandersetzung. Ich wollte investieren und wachsen – er wollte, dass alles blieb, wie es war.

Doch nichts blieb je, wie es war.

»Es ist ein fataler Irrtum, zu glauben, man könnte sich auf Erreichtem ausruhen.« Ich wandte mich um und ging zum Fenster, um Abstand zwischen uns zu bringen. »Wer stehen bleibt, wird abgehängt.« Ich lehnte mich gegen die Fensterbank. Die Scheiben waren beschlagen, draußen war es kalt und es regnete seit Tagen.

Mike verzog das Gesicht zu einem dünnen, beinahe zynischen Grinsen. Er setzte sich an den Schreibtisch und deutete auf die technischen Zeichnungen, Pläne und Skizzen, die sich vor ihm stapelten. »Wir haben jede Menge Aufträge, wir machen jede Menge Umsatz, es geht uns blendend. Warum zum Teufel soll ich wachsen?«

»Um konkurrenzfähig zu bleiben?« Der Satz schoss mir aus dem Mund und die Provokation in meiner Stimme war nicht zu überhören. »Weil die Anlagen immer leistungsfähiger und effizienter werden?«

»Höher-schneller-weiter!« Mike schnaubte. »Ich finde, wir stehen technisch verdammt gut da.«

»Nicht mehr lange, wenn wir nichts tun.«

»Wir werden empfohlen, alle wissen, dass wir erstklassige Arbeit liefern.«

»Das reicht nicht. Der Markt ist nicht mehr wie vor zehn Jahren, als wir angefangen haben, heute gibt's jede Menge Konkurrenz und die schläft nicht.«

»Die Konkurrenz schläft nicht …« Mike äffte meine Worte nach. Offenbar gingen ihm die Argumente aus. Klar, er war ständig unterwegs bei Kunden, während ich mich um die technische Seite kümmerte und mitbekam, was für Maschinen auf den Markt kamen – mit stärkeren, energieeffizienteren Lasern, mit klugen Lösungen für unterschiedlichste Bedürfnisprofile, Maschinen, an denen sich bei immer höherer Prozesssicherheit immer schneller fertigen ließ.

Ich holte Luft. »Das Problem –«

»Das Problem?« Mike sprang auf und der Stuhl kratzte laut über den Zementboden. »Welches Problem, zum Teufel? Ich gewinne ständig neue Kunden …«

Da war er wieder, der gefährliche Moment. Unsere Streits verliefen immer nach dem gleichen Muster: Jeder wiederholte seine Argumente bis zu dem Augenblick, in dem Mike sich persönlich angegriffen fühlte und aggressiv wurde. Dann war es an mir, zu beschwichtigen und die Situation nicht eskalieren zu lassen. Alfons Meininger war klug genug, sich nicht einzumischen; er wollte nur, dass wir ihn zügig belieferten, und kümmerte sich ansonsten um seine eigene Firma. Allerdings fragte er seit einer Weile, wann wir endlich Gewinn ausschütteten. Da wiederum waren Mike und ich uns einig: Der Gewinn blieb im Unternehmen. Meininger war stiller Teilhaber – wir bauten die Firma auf. Er profitierte, weil wir ihn bevorzugt belieferten, doch die Früchte unserer Arbeit ernteten wir.

Ich holte Luft. »So habe ich das nicht gemeint. Du machst deinen Job gut, viel besser, als ich es könnte.« Ich zog ein Päckchen Zigaretten aus der Tasche. »Aber ich stecke nun einmal tiefer in den technischen Sachen.«

Mike blickte grimmig geradeaus. Ich bot ihm eine Zigarette an – wortlos nahm er eine, suchte in seinen Taschen nach einem Feuerzeug, gab sich Feuer, inhalierte, steckte das Feuerzeug wieder ein.

»Schau ...«, sagte ich und meine Stimme klang beherrschter, als ich mich fühlte. »Wenn wir langfristig rentabel sein wollen, müssen wir –«

»Ich bin zufrieden mit dem, was wir haben.«

Ein weiteres Mal holte ich Luft, zählte still bis fünf. Und fuhr fort: »Wir sind Unternehmer, wir müssen führen, steuern, die Firma entwickeln. Wir müssen uns heute überlegen, wo wir morgen stehen wollen. Wir müssen innovativ sein, investieren, expandieren –«

»Ich will nicht länger unter Druck arbeiten und leben.«

Druck?

Was für ein Druck?

Himmel noch mal, es war normal, dass ein gesundes Unternehmen wuchs. Es war normal, dass seine Geschäftsführer auf Veränderungen am Markt reagierten, in Zeiten der Globalisierung mehr denn je. Wobei wir eine hoch spezialisierte Dienstleistung anboten, sodass Konkurrenz in Billiglohnländern keine Bedrohung für uns war, und schnelle Lieferungen innerhalb weniger Stunden konnten osteuropäische oder asiatische Betriebe schon logistisch gar nicht leisten. Wir waren auch kein multinationaler Konzern, sondern ein kleines Unternehmen in Oberbayern, wir mussten Arbeit nicht verdichten, um Profit zu machen, wir mussten nicht rationalisieren, um Aktionäre zu beglücken. Auf Wirtschaftlichkeit und Effizienz mussten wir dennoch achten, denn die regionale Konkurrenz spürten wir durchaus, immer wieder kalkulierten wir unsere Preise neu, passten sie dem wachsenden Angebot an. All das war jedoch kein Druck, sondern normales Geschäft. Und den

Stress allzu kurzer Produktionszeiten würden wir nur reduzieren, indem wir leistungsfähigere Maschinen anschafften und weitere Mitarbeiter einstellten.

Wenn wir also wuchsen.

Natürlich war dieser Schritt mit Anstrengungen verbunden. Erfolg hatte seinen Preis, da blieb nicht immer Zeit, gemütlich am Strand zu faulenzen; wobei Mike durchaus Urlaub machte, im Sommer zwei Wochen, über Weihnachten, während ich mich unterdessen um die Firma gekümmert hatte. Als Geschäftsführer fühlte ich mich nun einmal unabkömmlich. Dafür würden wir uns in zwanzig Jahren zur Ruhe setzen, während andere weiterschufteten, und wenn sie jeden Pfennig ihrer gesetzlichen Rente umdrehten, hätten wir ein gutes Leben. So hatte Mike selbst argumentiert, damals, in unseren Anfangsjahren. Wo war er geblieben – der Mann, der vor Enthusiasmus glühte, wenn er Zukunftspläne, ja: Visionen entwarf?

»Ich will nicht mehr mit diesem Druck leben«, sagte Mike. »Basta.«

Wieder spürte ich Wut in mir aufwallen. »Nur Feiglinge verweigern sich dem Wandel.«

Mike wurde blass.

Doch noch mehr als er staunte ich über das, was ich da gerade gesagt hatte. Verdammt, warum reagierte ich so dünnhäutig? Wo war meine Ruhe, meine vertraute Gelassenheit geblieben?

Ich lehnte am Tor, rauchte eine Zigarette und wartete. Die ganze Nacht hatte es geregnet und die Luft roch nach nassem Asphalt, ein Geruch, der mich an Kindertage erinnerte. Auf der gegenüberliegenden Straßenseite führte die ältere Dame ihren Hund aus. Er schnüffelte an einer weggeworfenen Schale Pommes frites und sie sah amüsiert zu. Als sie den Kopf hob und mich bemerkte, lächelte sie. »Er ist ein Allesfresser.«

»Sogar Pommes?«

»Am liebsten mit Ketchup und Mayonnaise.« Sie rollte mit den Augen. Dann pfiff sie kurz und scharf und Pino sah von seinen Pommes auf – den Kopf dicht an ihrem Knie folgte er seinem Frauchen wie an einer unsichtbaren Leine über die Straße.

»Entschuldigung, ich habe dich nicht gesehen.« Frau Pfisters Händedruck war warm und entschlossen. »Ich habe mich noch nicht an die neue Adresse gewöhnt.«

»Geht mir auch so«, sagte ich, »manchmal in der Frühe laufe ich in die falsche Richtung.« Seit einer Woche waren wir Eigentümer einer fast tausend Quadratmeter großen Werkhalle, keine zwei Minuten von unserem bisherigen Firmensitz entfernt. Der Besitzer, ein Reifengroßhändler, war insolvent, eher zufällig hatte ich das *Zu verkaufen*-Schild entdeckt, dann aber schnell gehandelt: Bevor die Halle versteigert wurde, sprachen wir mit dem Insolvenzverwalter und kauften sie. Nach zähem Ringen hatte Mike schließlich nachgegeben und einer weiteren Vergrößerung zugestimmt.

»Du siehst müde aus«, sagte Frau Pfister. Pino schnüffelte an ihrer Hand und sie beugte sich vor und kraulte ihn unterm Kinn, ohne mich aus dem Blick zu lassen. »Genau genommen siehst du schon seit einer ganzen Weile müde aus.« Bei ihren letzten Worten senkte sie ein wenig die Stimme, wodurch sie seltsam eindringlich klang, was mir irgendwie übertrieben erschien.

Ich zuckte mit den Schultern. »Wir ziehen um, da hat man eben viel um die Ohren.«

Frau Pfister nickte, doch ihr Blick sagte, dass sie sich mit meiner Antwort nicht zufriedengab.

Ich wechselte das Thema. »Geht ihr zur Isar?«

»Ja.«

»Würdest du Sam mitnehmen?« Als Pino Sams Namen hörte, wedelte er mit seiner Rute. Vor dem Baumarkt zwei Straßen weiter waren sich die Hunde zum ersten Mal begegnet – Frau Pfister wollte Begonien für ihre Terrasse kaufen, ich suchte nach einem Schlauch für die Waschmaschine, und kaum dass Pino Sam sah, lief er schnurstracks auf sie zu und begrüßte sie, als würde er sie schon ewig kennen, zärtlich leckte er ihr die Schnauze. Die spontane Freundschaft der Hunde brachte auch ihre Besitzer einander näher. Frau Pfister wohnte in einer Villa am Rand des Gewerbeviertels. Ihr Mann hatte einen Metallhandel aufgebaut und war zwei Tage bevor er in den Ruhestand gehen wollte gestorben, morgens beim Frühstück, an einem Herzinfarkt. Frau Pfister begrub ihn und ordnete ohne zu lamentieren ihr Leben neu. Zuerst verkaufte sie die Firma, als Nächstes verschenkte sie alle Hemden und Anzüge ihres Mannes, seine Schuhe, seine Bücher, seine Zinnsoldatensammlung. Dann kaufte sie sich ein Auto, einen knallroten Fiat 500, und einen Hund. Sie war nicht gewillt, irgendjemanden oder etwas, und schon gar nicht etwas so diffuses wie das Schicksal, über ihr Leben bestimmen zu lassen, und dass sie trotz aller Entschlossenheit offen, warmherzig und mitfühlend war, mochte ich sehr an ihr. Außerdem war sie eine begnadete Köchin und lud mich, wenn ich Sam abholte, oft zum Essen ein. Sie war fast zwanzig Jahre älter, trotzdem waren wir schnell zum Du übergegangen; allerdings nannte ich sie weiterhin Frau Pfister, nie Ursula, sie beim Vornamen zu rufen schien mir irgendwie unpassend, wie ein Mangel an Respekt.

»Natürlich nehme ich Sam mit«, sagte Frau Pfister und Pino wedelte noch etwas heftiger mit seiner Rute. Ich zog ein letztes Mal an meiner Zigarette, die bereits bis zum Filter heruntergebrannt war, und deutete mit dem Kopf die Straße hinunter.

»Sie ist im Büro.« Marita und Claudia, unsere Sekretärinnen, liebten Sam und hatten ihr im Büro einen Korb hergerichtet.

Frau Pfister nickte und sah mich an, noch immer mit diesem sehr genauen Blick. Ich schnippte den Zigarettenstummel in den Rinnstein, wo er zischend in einer Pfütze verglühte, und wischte mir die Haare aus der Stirn.

»Warum bist du nervös?«

»Nervös?«

Sie nickte. Und wartete auf eine Antwort.

»Na ja«, sagte ich. »Unsere neue CO_2-Laserschneidanlage kommt heute, aus der Schweiz.«

Was redete ich da? Frau Pfister kannte sich mit Lasertechnologie so gut aus wie ich mit Blini-Pfännchen und Mango-Gurken-Relish, »aus der Schweiz« klang außerdem ziemlich angeberisch.

Sie lächelte verschmitzt. »Scheint ja ein tolles Ding zu sein.«

Ich errötete, ein wenig nur, aber wir merkten es beide.

Frau Pfister knuffte mich in den Arm und sagte zu ihrem Hund: »Ist doch schön, wenn Menschen das, was sie tun, mit Begeisterung tun, nicht wahr, Pino?«

Pino wedelte mit der Rute, als würde er das ganz genauso sehen.

»Dann geh ich mal.« Sie zog den Reißverschluss ihrer Windjacke höher und ich sah ihr nach, wie sie in ihren robusten Schuhen die Straße entlangmarschierte. Gradlinig, unerschrocken und – ja, auch etwas zutiefst Verlässliches lag in ihrer Haltung. Dabei folgte ihr Pino mit schwerfälligem, beinahe schlafwandlerisch monotonem Schritt.

In dem Moment klingelte mein Handy.

»Is Kran da?«, fragte eine Stimme in gebrochenem Deutsch.

»Ja.« Schlagartig beschleunigte sich mein Puls. »Es ist alles vorbereitet.«

»Gut.« Ein Knacken, dann war die Leitung tot.

Hastig suchte ich im Telefonbuch meines Handys nach der Nummer des Kranverleihs. Die Firma war in der Nähe, ein Mitarbeiter hatte bereits vor Tagen die Bodenbeschaffenheit geprüft, alle Koordinaten aufgenommen und sich vergewissert, dass keine Leitungen oder Bäume im Weg waren und sämtliche Sicherheitsabstände zu Böschungen, Kabeln und Gebäuden eingehalten würden, wenn wir die Fracht verluden. Meine Stimme vibrierte, als am anderen Ende der Leitung abgenommen wurde und ich sagte, dass der Schwertransport gleich käme. Der Mann versprach, sofort einen seiner Teleskopkräne loszuschicken. Als ich aufgelegt hatte, tippte ich eine SMS an Mike – dann fiel mir ein, dass er in Garmisch-Partenkirchen bei einem Kunden war. Es war nicht einfach gewesen, ihn zu überzeugen, doch ich war über mich hinausgewachsen, hatte geredet und argumentiert. Als ich schließlich die leere Halle entdeckt und ihm vorgerechnet hatte, wie viel schneller und effektiver wir auf doppelt so viel Fläche mit zwei Anlagen produzieren würden, vor allem mit dieser neuen Laserschneidanlage aus der Schweiz – Blechnennmaß 3000 mal 1500 Millimeter, maximale simultane Positionierungsgeschwindigkeit

113 Meter pro Minute, maximale Achsbeschleunigung 4,5 Meter pro Quadratsekunde –, auf der wir 3 mal 1,5 Meter statt nur 2,5 mal 1,25 Meter große Blechtafeln einspannen konnten, sodass wir durch kürzere Rüstzeiten in weniger Zeit größere Stückzahlen produzieren und durch die fliegende Optik und den Wechseltisch eine deutlich höhere Wirtschaftlichkeit erzielen würden, da gab Mike auf. In allem, was folgte, hatten wir Routine: Investitionsplan, Rentabilitätsplan, Liquiditätsplan, Gespräche mit Meininger, mit der Bank. Parallel stellte ich drei neue Mitarbeiter ein; künftig würden wir im ständigen Zweischichtbetrieb arbeiten. Spätestens im kommenden Jahr würden wir einen Umsatz von einer Million D-Mark machen, da war ich sicher.

Ein sonores Hupen riss mich aus meinen Gedanken. Behäbig wie ein Ozeanriese bog am Ende der Straße ein gelber Tieflader um die Ecke. Auf seiner Ladefläche vier riesige Holzkisten.

Ich bekam eine Gänsehaut.

Ich freute mich wie ein kleiner Bub.

7

Dunst liegt über dem Fluss, zarte Schwaden, die die Übergänge zwischen dem Blau des Wassers und dem Grün am Ufer verwischen. In der Ferne eine verschwommene Linie, sie lässt die Gipfel der Berge erahnen, darüber blasser Himmel. Es ist noch früh – in ein, zwei Stunden wird die Sonne den Dunst vertrieben haben und in den Auen wird es wimmeln, wispern und sprießen.

Weiße Kiesel knirschen unter meinen Schritten, als ich den Rand des Flussbettes erreiche. Wild und ungeregelt bahnt sich die Isar ihren Weg, hier und da ragen Schotterinseln aus dem Wasser. Die Strömung ist stark, das Wasser rauscht, und wenn ich die Augen schließe, sehe ich das Meer vor mir. Sobald ich die Augen wieder öffne, bin ich jedes Mal überrascht von der rauen, unmittelbaren Schönheit der Natur, von ihrer Ursprünglichkeit – als wäre seit Jahrhunderten kein Mensch hier gewesen. Ein Eindruck, der sich erstaunlicherweise nicht einmal ändert, wenn die Spaziergänger kommen und die Mountainbiker in ihren neonfarbenen Hosen und Shirts.

Nach wenigen Metern erreiche ich den Saum des Wassers. Es ist nicht weit von meinem Platz im Wald hierher, ein paar Hundert Meter, ein Spaziergang, und seit der Winter vorüber ist, der Schnee geschmolzen, das Weiß dem Grün gewichen, komme ich ab und zu her, meist in der Frühe, wenn ich allein bin und der Fluss noch einen flüchtigen nachtblauen Schimmer hat. Ich ziehe ein paar Hemden aus meinem Beutel, Socken, Unterwäsche.

Das Wasser ist eiskalt. Inzwischen ist Mai und tagsüber scheint die Sonne, doch das Wasser der Alpenflüsse wird nicht einmal im Hochsommer warm. Ich beuge mich vor und tauche die Wäsche mit beiden Händen ins Wasser, sehe zu, wie es den Stoff durchdringt, die Wäsche schwer wird, auf die hellen Kiesel sinkt. Bald werden meine Finger steif, doch es stört mich nicht, die Kälte macht mir nichts. Anfangs wusste ich nicht, ob ich den Winter überleben würde, dämmerte im Frost dahin, unfähig, weiter zu denken als bis zum nächsten Tag, zum übernächsten, ich wartete auf eine Idee, hoffte auf eine Eingebung, auf Rettung und war jedes Mal froh, wenn ich morgens erwachte und wieder eine Nacht überlebt hatte. Mit der Zeit entwickelte ich einen Willen, auszuhalten, durchzuhalten. Dieser Wille rettete mich. Und er überraschte mich, denn ich hatte schon lange keinerlei Willen mehr verspürt. In der Lethargie meines ausgebrannten Daseins hatte sich jeder Funken Wille, den ich einmal besessen hatte, in nichts aufgelöst. Erst in tiefstem Schnee und Eis glomm er wieder auf. Nun, wo um mich herum die Natur wieder zum Leben erwacht, erfüllt mich eine tiefe Befriedigung, dass ich der Kälte getrotzt und überlebt habe.

Vor meinen Stiefelspitzen treibt die Wäsche im Wasser, Hemdsärmel blähen sich wie Engelsflügel. Ich besitze keine Seife, kein Waschmittel und dürfte beides in einem Naturschutzgebiet auch gar nicht benutzen, darum beuge ich mich vor und schrubbe die Wäsche auf dem Schotter; mag sein, dass sie nicht porentief rein wird, doch sauberer als vorher wird sie allemal sein.

Schließlich wringe ich Hemden, Hosen, Socken aus, laufe ein Stück das Ufer hinauf, bis zu einem toten Baumstamm, der neben dem Wassersaum liegt, und breite alles im Kies aus. Dann setze ich mich, lehne mich gegen den Stamm und schließe die Augen.

Ich lausche dem Geräusch des fließenden Wassers.

Ich liebe dieses Geräusch …

seine Sanftheit …

Noch immer genieße ich den Frieden, der mich umgibt, lasse ihn durch mich hindurchziehen und meinen Geist beruhigen …

Seit es wieder wärmer wird, freue ich mich an kleinen Dingen: am Kitzeln der Sonnenstrahlen, den frischen grünen Blättern der Erlen und Weiden, den silbrig schimmernden Knospen der Anemonen im Unterholz. Ich freue mich, dass ich mich wieder waschen kann. Dass ich meine Notdurft nicht mehr in höchster Eile verrichten muss. Dass ich spazieren gehen kann. Mit jedem sonnigen Tag kehrt leise Zuversicht zurück.

Heute Morgen zwischen Schlaf und Wachen stieg eine Erinnerung in mir auf – ein Sommermorgen in Südfrankreich, ein Schwarm Flamingos, feine Striche am blauen Himmel, und Peter, der schon wach war und mit einem Gaskocher Kaffee bereitete. Der Duft stieg mir in die Nase, so deutlich war die Erinnerung, dass ich für einen Moment alles für eine Tasse starken, schwarzen Kaffee gegeben hätte. Dann stand ich auf, ging zur Quelle, trank einen Schluck frisches Wasser und war auch zufrieden. Das fällt mir auf: Die Fragmente, die die dünne Kruste des Bewusstseins durchbrechen und sich vor meinen Augen zu Bildern formen, werden lichter: Karl, mit dem ich durch die Wälder streife und Cowboy und Indianer spiele … Peter, der einzige Bub im Dorf, der eine Carrera-Bahn besitzt … der Schmerz, als beide aufs Gymnasium wechseln und mit dem Bus in die Stadt fahren, während ich zurückbleibe, und die Freude, als wir Jahre später, als Jugendliche, wieder zueinanderfinden … Karl, der noch stiller ist als ich, doch miteinander können wir über alles reden, stundenlang … Peter, der viel liest und mir Bücher leiht, erst von Karl May, später von Jules Verne, Stanisław Lem und John Steinbeck, der mir ein Vorbild ist und mein bester Freund wird … Christine und Andrea und Susanne, Mädchen, mit denen man etwas unternehmen kann, die nicht nur Nagellack und Popstars im Kopf haben, sondern prima Kumpel sind, auch wenn man das zu Mädchen eigentlich nicht sagt … Christine, die außerdem sehr sportlich ist, klug und hübsch, und in die ich mich verliebe, aber sie sich nicht in mich … diese jungen Jahre haben eine scheue, schöne Leichtigkeit, die erst verschwindet, als wir mit der Schule fertig sind und in die Lehre gehen, ich zu Siemens, wo auch der Vater ist, weil ich keine Pläne habe, keine Ahnung, ergreife ich die Gelegenheit, die sich bietet, gebastelt habe ich schließlich schon immer gern, interessiere mich für Mechanik, repariere kaputte Uhren, alte Staubsauger … Zu der Zeit freunde ich mich auch mit Rainer an, der sich für Umweltschutz interessiert und schimpft, wenn die Bauern auf den Feldern Büsche roden, weil sie damit den Vögeln die Nistplätze nehmen, woraufhin die Bauern fragen, ob er wohl noch ganz dicht sei, doch ich bewundere ihn, weil er sich für etwas, das ihm wichtig ist, engagiert und sich nicht einschüchtern lässt …

Stundenlang sitze ich da, über mir der hohe Himmel, und lasse all die Erinnerungen vorüberziehen wie Treibgut, das in der Nähe des Ufers schwimmt, ohne je an Land gespült zu werden – worüber ich froh bin, denn an Land würde man Strandgut einsammeln und entsorgen, denn es ist ja schließlich nichts wert.

Ein lautes, heiseres Krächzen reißt mich aus meinen Gedanken. Ich öffne die Augen und sehe einen Reiher, der im Flachwasser landet. Auf dürren Beinen stelzt er am Ufer entlang, den langen Hals vorgestreckt wie ein in gedehnter Schrift geschriebenes S. Schließlich bleibt er stehen. Minutenlang verharrt er vollkommen reglos auf der Stelle, starrt ins Wasser ohne einen einzigen Muskel zu bewegen. Minutenlang sehe ich ihm dabei zu. Dann plötzlich, mit der konzentrierten Präzision eines Bogenschützen, sticht er seinen Schnabel ins Wasser – und holt einen Fisch heraus. Der Reiher breitet die Schwingen aus und fliegt mit seltsam schaufelnden Flügelschlägen davon, gleitet über den rauschenden Fluss, bringt sich und seine Beute in Sicherheit, irgendwo im Ufergras, im Dickicht der Auen.

Die Isar leuchtet jetzt grün wie Smaragdwasser. Der letzte Rest Nachtbläue ist verflogen, die Sonne hat den Dunst fortgewischt und lässt ihre Strahlen übers Wasser tanzen, lässt es blitzen und funkeln. Ich blinzele, verenge die Augen zu schmalen Schlitzen. Ich lege eine Hand über meine Brauen, doch das Gleißen kommt nicht von oben, sondern vom Wasser. Ich schließe die Augen – und sehe das Funkeln noch hinter den geschlossenen Lidern. Ich spüre, wie das Bild des Flusses sich in meine Netzhaut brennt, und lasse es in mich sinken, tief, tief in mein Inneres, gebe es nicht mehr her, und während das Wasser weiter rauscht und rauscht, als wäre ich am Meer, spüre ich, wie sich irgendwo in den verborgenen Schichten meines wunden Herzens etwas regt – sich in winzigen, hartnäckigen Bewegungen einen Weg ins Licht bahnt: Freude …

Ich hatte vergessen, dass es sie gibt.

Ich verharre, kaum dass ich das Geräusch bemerke. Ein Motor. Ein Auto. Weit entfernt noch, nur langsam kommt es näher.

Jemand, der nicht schlafen kann?

Eine Streife?

Lautlos ducke ich mich in die Dunkelheit. Der Deckel des Containers steht offen, doch um das zu erkennen, müsste man dicht heranfahren. Von der Straße aus ist es nicht zu sehen. Bin ich nicht zu sehen. Aus dem angrenzenden Wohnblock vielleicht? Hinter keinem der Fenster brennt Licht … Lange Reihen schwarzer Löcher in einer dunkelgrauen Wand …

Alles ist still.

Alles schläft.

Kein Leben.

Nur das Auto kommt näher.

Ich drücke meinen Beutel an mich. Er ist gut gefüllt: mehrere Packungen mit Mortadella, mit Gouda, Salami, Brot. Kartoffelchips und Schokoladenwaffeln. Tortellini. Apfelschorle. Eine Packung Teebeutel.

Das Motorengeräusch wird lauter.

Widerstrebend stelle ich den Beutel auf den Boden. Ohne Gepäck wäre ich schneller … Dabei stehle ich nicht. Ich nehme niemandem etwas weg – ich nehme, was andere in den Müll geworfen haben. Ist es Diebstahl, zu nehmen, was andere weggeworfen haben? In dem Fernsehfilm sagte jemand, Abfall bleibe Eigentum derjenigen, die ihn wegwerfen, bis die Müllabfuhr ihn abhole. Trotzdem sei es keine Straftat, Dinge aus einem Mülleimer oder Containern zu nehmen, da offensichtlich sei, dass die bisherigen Besitzer kein Interesse mehr an ihnen hätten. Das fand ich sehr logisch. Einige Jugendliche, die beim Containern erwischt wurden, wurden trotzdem von den Supermarktbetreibern angezeigt. Gegen einen wurde ein Gerichtsverfahren eröffnet; die anderen Verfahren wurden wegen Geringfügigkeit eingestellt. Man verurteilte den jungen Mann wegen Diebstahls zu gemeinnütziger Arbeit, da er sehr viele Lebensmittel aus Containern geholt hatte. Gerettet hatte, wie er selbst sagte, gerettet vor verantwortungsloser Verschwendung. Da den Kaufleuten beim Containern kein Schaden entstand, unterstellten er und andere Aktivisten, dass sie sie nur anzeigten, um ihnen Schaden zuzufügen. Das sei jedoch ein Rechtsmissbrauch. Juristisch kenne ich mich da nicht aus, doch mein gesunder Menschenverstand gibt den Jugendlichen recht.

Auch leere Flaschen sind Müll. Sie stecken in Papierkörben, liegen auf Bänken, an Bushaltestellen, auf dem Fußweg, auf Balustraden und Fenstersimsen, zwischen Fahrradständern, weil Leute sie wegwerfen. Ich sammle sie ein und bringe sie zum Discounter, meist zu Lidl, weil es dort am unwahrscheinlichsten ist, dass ich jemanden treffe, den ich kenne, selten gehe ich zu Plus, und wenn, nur sehr früh, denn der Plus-Markt liegt in der Nähe der Firma. Von dem Pfandgeld kaufe ich mir Tabak, Zigarettenpapier, Streichhölzer, Batterien, ab und zu auch eine Flasche Wein oder ein Weißbier.

Ist das Diebstahl?

Manchmal steht in der Leergutannahme jemand in der Schlange und gibt einen ganzen Sack leerer Pfandflaschen ab, achtzig, neunzig, hundert, ich werde fast neidisch, denn ich habe nur zwanzig, höchstens einmal vierzig. Wem schaden wir, wenn wir die Flaschen einsammeln? Warum ist es erlaubt, Flaschen aus Papierkörben zu nehmen, aber nicht eine Tüte Brot? Warum muss das Brot verrotten? Warum darf ich es nicht essen? Warum müssen Menschen hungern, während gleichzeitig Tonnen von Lebensmitteln weggeworfen werden, Lebensmittel, die zu essen kein Gesundheitsrisiko bedeutet?

Den einzigen Gesetzesverstoß, den ich beim Containern erkennen könnte, wäre der des Hausfriedensbruchs – wenn ich, um an die Container zu gelangen, über Zäune klettern würde. Doch das ist gar nicht nötig.

Das Motorengeräusch wird immer lauter.

Mit pochendem Herzen lausche ich in die Nacht.

Das Geräusch ist hell – ein Benziner? Ein Kleinwagen?

Fährt die Polizei Kleinwagen?

Jetzt schälen sich zwei Lichtkegel aus der Dunkelheit.

Der Fahrer schaltet herunter, fährt langsamer.

Die Lichtkegel werden heller.

Das Auto hält.

Ich höre, wie das Blut in meinen Ohren rauscht. Ein plötzliches Hämmern hinter meinen Schläfen.

Sie sehen mich nicht, sage ich mir. Sie können mich nicht sehen. Ich weiß, dass man die Laderampe von der Straße aus nicht sehen kann.

Eine Tür klappt.

Ich halte die Luft an.

Schritte.

Eine Stimme – ein fröhliches *Ciao*!

Die Schritte entfernen sich.

Das Auto wartet noch einen Moment. Dann fährt es wieder an.

Die Schritte werden leiser.

Verschwinden.

Menschen in der Nacht, späte Heimkehr. Eine Frau geht in ihre Wohnung, irgendwo auf der anderen Straßenseite, gegenüber dem Supermarkt, sie sieht mich nicht, ahnt nicht, dass ich hier bin, dass überhaupt jemand hier sein könnte, sie lebt auf der anderen Seite, wo man fröhlich *Ciao!* ruft und nach Hause geht.

Das Leben der anderen.

Ich nehme meinen Beutel, schließe leise den Containerdeckel und laufe über den leeren Parkplatz davon. Laufe durch menschenleere Straßen – am Himmel eine Ahnung aufziehender Dämmerung. Im Frühjahr wird es früher hell. Ich werde meinen Rhythmus ändern müssen, lieber um zwei als um drei Uhr aufstehen.

An einer Bushaltestelle ragt eine *Süddeutsche Zeitung* aus dem Papierkorb. Ich nehme sie, schüttele sie, schiebe sie in meinen Beutel. Es macht keinen Unterschied, ob Nachrichten von heute, gestern oder irgendwann sind und ich lese gern. Vor allem die *Süddeutsche.*

Ich sitze in einem See aus Licht. Sonne wärmt meine Brust, mein Gesicht und ringsherum glitzert es, Tropfen eines nächtlichen Schauers, die auf den Spitzen der Grashalme balancieren, den jungen Trieben, den Flechten und Rinden. Zwei Krähen patrouillieren über die Lichtung und andere Vögel, die ich nicht sehe, zwitschern und quäken, kreischen und lispeln, machen Geräusche, die ich nie mit Vögeln in Verbindung gebracht hätte, als ich noch ein gewöhnlicher Spaziergänger war, einer, der in den Wald hineingeht, hindurch und hinaus, keine Zeit einzutauchen in die Stille und taub für alles, was in ihr zu entdecken ist, wenn man Geduld hat und Demut.

Ein Windhauch fährt durch die Zeitungsseiten, lässt sie rascheln. Die Luft ist weich, es riecht nach nassem Gras und Zuversicht, und ich falte die *Süddeutsche* zusammen, lege sie zum *Münchner Merkur*, dem *Spiegel*, dem *Focus*, die ich im Altpapiercontainer gefunden habe. Den Reiseteil hebe ich mir für morgen auf – ich lese langsam, gründlich, Satz für Satz, Wort für Wort, Politik, Wirtschaft, Panorama, Sport, München, Bayern, Kultur, Wissen, Chancen, Reise, Auto, Kleinanzeigen, Impressum. Fünf Stunden am Tag, sechs Stunden, sieben, jeden Tag, denn im Frühling brauche ich nur noch nachts die Taschenlampe und ich bin sparsam mit Licht, Batterien sind teuer.

Lesen beruhigt mich.

Es entschleunigt das Denken …

es stimmt mich versöhnlich …

Schon früher war das so. Bei den Eltern gab es keine Bücher, doch Peter nahm mich mit in die Welt der Geschichten, der Ideen, des Unmöglichen, das doch möglich war, auf zwei- oder dreihundert Seiten, aus denen ich stets voller Staunen auftauchte, voller Heiterkeit und Hoffnung. Später, nach Lehre und Bundeswehr, als ich zur Fachhochschule ging, um zu studieren, Höhere Mathematik lernte – Analysis, Differenzial- und Integralrechnung, Analytische Geometrie – und Physik – Experimentalphysik, Theoretische Physik –, fing ich an, Bücher von und über Albert Einstein zu lesen. Einstein faszinierte mich, als Forscher und als Mensch. Geboren 1879 als Kind jüdischer Eltern, lebte er in Deutschland, der Schweiz und nach der Machtergreifung Hitlers im US-amerikanischen Exil. Ein

Weltbürger, ein Antinationalist und Pazifist – die Atmosphäre, die mir aus seinen politischen und philosophischen Schriften entgegenschlug, war so anders als die im Dorf, wo der Krieg noch nachhallte, viele in der Wehrmacht, der NSDAP, der SS gewesen waren, die Männer noch die alten Lieder sangen, wo man zutiefst konservativ war und ansonsten über die Vergangenheit nie sprach.

Einstein kritisierte auch den Kapitalismus: Die ihm immanente Konkurrenz führe zur Verschwendung von Ressourcen und zu einer Lähmung des sozialen Bewusstseins des Einzelnen. Ein Satz, der mir plötzlich wieder einfällt.

Was brauchen wir zum Leben?

Was an Besitz ist unerlässlich und fehlt uns, wenn wir es nicht haben? Und was ist Überfluss?

Ein Schwarm Spatzen fliegt aus den grünen Baumkronen auf, schwatzend und schnatternd wie junge Mädchen. Ich sehe auf …

und sehe mich um …

mein Stuhl

das Zelt

eine Tasche mit Kleidung

ein Beutel mit Lebensmitteln

zwei Tüten voller Pfandflaschen

der Schlafsack

Spiegel, Rasierzeug, Zahnbürste, Nagelknipser, Schere.

Das Werkzeug, das ich in sieben Monaten im Wald noch kein einziges Mal gebraucht habe.

Der Fotoapparat, den ich nicht einmal ausgepackt habe.

Der Walkman, den ich nie benutze, weil ich die Ruhe so mag.

Das ist alles.

Mehr besitze ich nicht.

Und ich vermisse nichts.

Schon in den ersten Wochen im Wald dachte ich das manchmal, doch die Gedanken wurden von der Lethargie, der langen Zeit der Überforderung und Erschöpfung geschuldet, gedämpft. Von der Erleichterung, keine Angst mehr haben zu müssen vor dem Vermieter, dem Gerichtsvollzieher, dem Postboten, der nur noch Rechnungen, Mahnungen, Vollstreckungstitel brachte. Der Erleichterung, endlich nicht mehr erklären zu müssen, was ich nicht erklären konnte – warum ich war, wie ich war, so antriebslos, so erfolglos, so ohne jedes Selbstbewusstsein, das ich doch einmal gehabt hatte. So ein Versager. Hier im Wald, im Licht des Frühlings, löst sich die dumpfe Stimmung wie Morgennebel – und ich empfinde Unbeschwertheit angesichts meines wenigen Besitzes.

Wäre ich glücklicher mit mehr?

Mehr Besitz heißt mehr Geld heißt mehr Leistungsdruck, mehr Erfolgszwang, mehr Existenzangst. Mehr Stress, weniger Zeit. Mehr leben, um zu arbeiten, statt arbeiten, um zu leben. Mehr ständiges Zuviel, an Dingen, Anforderungen, Reizen.

Weniger ist mehr – Unabhängigkeit.

Oder ist das eine dumme Romantisierung? Weltflucht?

Ich weiß es nicht …

Ich weiß nur, dass ich mich erleichtert fühle, wenn ich mein Häufchen Sachen betrachte. Das Lebensnotwendigste …

kein Haus, keine Firma …

keine Verantwortung, keine Verpflichtungen …

Ich muss keine Umsatzziele mehr erreichen, keine Rechnungen bezahlen, keine Mitarbeiter, keine Steuern. Muss keine Kunden zufriedenstellen, keinen Terminen hinterhereilen, keinen Ansprüchen genügen. Muss nicht produktiv, pünktlich, stark und verantwortungsbewusst sein, nicht immer zur Stelle, verlässlich, fleißig, zupackend.

Muss auch im Privaten keinen Anforderungen mehr genügen – muss kein guter Sohn, erfolgreicher Geschäftsmann, hilfsbereiter Nachbar, loyaler Freund und liebevoller Partner mehr sein. Muss Familie, Freunde, Frauen, einfach niemanden mehr zufriedenstellen. Muss auch nicht mehr darüber nachdenken, warum Freundschaften zerbrechen und Liebe nicht erwidert wird.

Zum ersten Mal seit Langem atme ich frei.

Zum ersten Mal im Leben fühle ich mich als freier Mensch.

Frei … und ruhig.

Frieden.

Zeit.

Einfachheit.

8

Kurz nach der Jahrtausendwende machte Fabricamus zum ersten Mal einen Jahresumsatz von einer Million D-Mark.

Seit über einem Jahr arbeiteten wir schon an der neuen CO_2-Laserschneidanlage, schnitten filigrane 0,1-Millimeter-Edelstahlfolien und massive 20-Millimeter-Stahlblechplatinen, sechzehn Stunden täglich (oder achtzehn oder zwanzig oder vierundzwanzig), fünf Tage die Woche (oder sechs oder sieben); außerdem gehörte jetzt auch eine Abkantpresse zu unserem Maschinenpark. Trotz wachsender Konkurrenz waren wir weiterhin ausgelastet und stellten neue Mitarbeiter ein: Lutz, Norbert und Kai. Lutz, ein bodenständiger Typ, der sich durch nichts aus der Ruhe bringen ließ, war diplomierter Maschinenbauingenieur und im Programmieren nahezu unschlagbar. Norbert, stets gut aufgelegt und glühender Hardrock-Fan, bediente die Anlage und Kai, ein junger Familienvater, der vollkommen vernarrt war in seine neugeborene Tochter, arbeitete an der Abkantbank, wo wir ihn immer wieder ertappten, wie er Kinderlieder summte. Mit Christian und Oliver, unseren Sekretärinnen Marita und Claudia sowie Mike und mir waren wir nun ein Team von neun Mitarbeitern. Alle machten ihren Job gern, nicht nur, weil wir übertariflich bezahlten, sondern auch, weil unser Betriebsklima sehr gut war, nach Feierabend tranken wir oft noch ein Bier zusammen, wir fuhren übers Wochenende nach Würzburg oder verbrachten entspannte Tage in einem Wellnesshotel in Südtirol. Wir wussten, dass wir einander vertrauen und uns jederzeit aufeinander verlassen konnten.

Nur Mike zog sich mehr und mehr zurück.

»Was ist los?«, fragte ich, wenn er im Lauf des Vormittags in die Firma kam und mit undurchdringlichem Gesichtsausdruck und wortlos durchs Büro lief.

»Nichts.«

»Nichts?«

»Nichts.« Er zog die Schultern hoch. Und wandte sich ab.

Das Ungesagte hing im Raum und breitete sich aus wie ein übel riechendes Gas.

»Wann kommst du zurück?«, fragte Marita, wenn Mike bald darauf seine Jacke nahm, um wieder zu verschwinden.

»Weiß nicht, kann spät werden.«

Ein Türschlagen.

Und Stille.

Irgendwann kam Mike nur noch in die Firma, um einen Blick in die Auftragsbücher zu werfen und mir Tipps zu geben, wie ich mit einzelnen Kunden verfahren sollte. Dann verschwand er und den restlichen Tag sahen und hörten wir nichts mehr von ihm. Er gewann weiterhin neue Kunden, wenn auch weniger, doch in die Produktion war er kaum noch involviert. Er stand nur noch an der Laserschneidanlage, wenn wirklich Not am Mann war.

Ich bemerkte, dass ich froh war, wenn er fortblieb. Ein paar Mal hatte ich versucht, mit ihm zu reden, doch ich kam nicht an ihn heran, er wich jedem Gespräch aus und sein Gesicht signalisierte deutlich, dass es nichts gab, worüber er mit mir sprechen wollte. Ich konnte mich kaum erinnern, wann wir das letzte Mal in den Biergarten gegangen waren. Es war eine schleichende Entfremdung und ich vermochte nicht zu sagen, wann genau sie begonnen hatte. Noch weniger wusste ich, wie ich sie beenden könnte. Alfons Meininger bekam von all dem nichts mit, seine eigene Firma steckte in Schwierigkeiten. Meiningers Zahlungsmoral war nie die beste gewesen, Rechnungen, die wir ihm stellten, beglich er meist Wochen später, doch inzwischen musste ich immer wieder Zahlungen anmahnen.

In dieser seltsam zähen Wortlosigkeit vergingen die Monate. Es gab nie Streit, doch die Spannungen zwischen Mike und mir waren offensichtlich und für alle spürbar. Auch die Stimmung zwischen Mike und dem Team wurde immer schlechter. Irgendwann atmeten alle auf, sobald er die Tür hinter sich zuzog.

Eines Tages unternahm ich einen letzten Vorstoß. »Was ist los mit dir, warum ziehst du dich so zurück?«

Abrupt verschloss sich Mikes Gesicht, seine Schultern versteiften sich. »Ich mache meine Arbeit.«

»Na ja …« Ich gab meiner Stimme einen betont freundlichen und friedlichen Klang. »Ab und zu.«

»Ich bin viel unterwegs.« Die Worte schossen durch die Luft. »Und …« Mike unterbrach sich.

Und … was?

Er schüttelte den Kopf.

Was wollte er sagen und doch nicht sagen?

»Eine Firma zu führen heißt nicht nur, Akquise zu machen«, beendete ich schließlich das Schweigen zwischen uns. »Ich kann mich nicht allein um alles Administrative kümmern und nebenbei noch den ganzen Tag programmieren.«

»Du wolltest wachsen.«

Ein Satz wie ein Hieb in den Magen. Unwillkürlich beugte ich mich vor, schluckte.

»Du wolltest wachsen, nicht ich«, wiederholte Mike, als hätte ich es beim ersten Mal nicht gehört.

Ich schnappte nach Luft. Ich brauchte einen Moment, um die Wut zu schlucken, die sich in mir ballte. Es kam selten vor, dass ich wütend wurde, doch Mike schaffte es, mich zu provozieren.

»Kann es sein, dass du dich kaum noch für die Firma interessierst?«, fragte ich schließlich.

Ein stummer Killerblick.

»Ich mache meinen Job«, sagte Mike schließlich knapp, »kümmere du dich um deinen.«

Dann drehte er sich um und warf die Tür hinter sich zu.

Ich war ratlos. Wir hätten reden, uns auseinandersetzen und eine Lösung finden müssen. Wir waren die Chefs, wir trugen Verantwortung. Doch von nun an ging Mike mir gezielt aus dem Weg. Ich tat das Einzige, was mir noch einfiel: Ich führte die Geschäfte alleine weiter. Ich arbeitete sechzig, siebzig, achtzig Stunden in der Woche, stand auf, frühstückte und ging in die Firma, programmierte, telefonierte, koordinierte, und wenn ich wieder aufsah, war es dunkel, ich hatte nichts gegessen, mein Magen knurrte, mein Kopf schmerzte, und trotzdem türmte sich die Arbeit auf meinem Schreibtisch. Manchmal ließ ich mir eine Pizza kommen oder hielt, wenn ich mit Sam Gassi ging, an der Würstchenbude. Frau Pfister, die sie immer häufiger ausführte, betrachtete mich mit ihrem prüfenden Blick. Und tischte, wenn ich Sam bei ihr abholte, Schweinsbraten mit Rahmschwammerln auf, Leberkäs mit warmem Kartoffelsalat, Fleischpflanzerl oder Leberknödelsuppe.

Doch ich hatte zwar Hunger – aber keinen Appetit.

»Du musst etwas essen«, sagte sie mit der Entschlossenheit eines Kerkermeisters.

Also aß ich und sehnte mich danach, ins Bett zu fallen, meinetwegen auch mit knurrendem Magen.

Eines Abends, ich hatte Sam schon abgeholt und rechnete noch schnell meine Stunden fürs Controlling zusammen, kam überraschend Mike.

»315«, sagte ich.

»Was?« Er sah mich an, verständnislos und auf der Hut.

»315 Stunden habe ich diesen Monat gearbeitet«, sagte ich. Ich staunte selbst über die Zahl.

»Du wolltest wachsen«, erwiderte Mike, ohne eine Miene zu verziehen.

»Wir mussten wachsen, das weißt du.« Als er mir den Satz das erste Mal um die Ohren gehauen hatte, hatte ich mir Vorwürfe gemacht: Hatte ich ihn überredet? Hatte ich ihm meinen Willen aufgedrängt? Dabei war es offenkundig gewesen, dass wir wachsen mussten, alle Logik hatte dafür gesprochen …

»Wir waren auch vorher groß genug«, sagte Mike. »Und erfolgreich genug.«

»Aber du warst einverstanden …« Ich wehrte mich gegen die Schuldgefühle, die wieder hochschwappten und wie eine zähe, klebrige Masse umso größer wurden, je angestrengter ich versuchte, sie zu unterdrücken. Sam streckte sich in ihrem Korb. Sie fuhr sich mit der Pfote über die Schnauze, nieste, dann trottete sie schwanzwedelnd zu mir herüber.

»Ich habe zugestimmt.« Mike verzog das Gesicht zu einem

Lächeln. »Aber ich war nicht einverstanden.« Sein Lächeln war so zynisch, so kalt, dass mir ein Schauer über den Rücken lief.

»Ich will nicht die Arbeit mein ganzes Leben bestimmen lassen. Und du … wenn's dir zu viel wird, arbeite halt auch weniger.«

Dann wandte er sich um.

Und ging.

Das Krachen der Tür hallte noch durch meinen Körper, als sein Auto längst den Hof verlassen hatte.

Ich setzte mich. Sam legte ihren Kopf auf meinen Schenkel und sah mich mit ihren dunklen Augen an. Ich strich ihr über den Kopf. Sie leckte meine Hand. Ich spürte, wie erneut etwas in mir aufwallte, doch diesmal war es keine Schuld, sondern ein Gefühl tiefer Einsamkeit – es kam mir vor, als sei Sam die Einzige, die mir nicht zusetzte, das einzige Wesen, das mich mochte.

Meine einzige Vertraute.

Meine einzige Freundin.

»Ingolstadt?«

Mein Gegenüber nickte.

»Das sind 150 Kilometer.«

Mein Gegenüber zuckte mit den Schultern. »A bissal weniger.«

»Aber man fährt anderthalb Stunden.«

Mein Gegenüber nickte.

»Wie soll das gehen?« Es war später Vormittag und ich stellte unsere Teller auf den Tisch und rutschte auf die Bank.

»Geh, da fällt dir schon was ein.« Er griff nach der Terrine, fischte eine Weißwurst heraus, lud sich drei Löffel süßen Senf auf den Teller und streckte die Hand nach seinem Weißbierglas. »Herrschaftszeiten, bei uns gibt's niemand, der wo eine Laserschneidanlage hat. Und ich allein hätt schon an Sack voll Aufträge.«

Ich stach mit der Gabel in meine Weißwurst und schlitzte sie der Länge nach auf. Mein Gegenüber nahm seine Wurst kurzerhand in die Finger und begann, sie zu zuzeln. Er war ein Kunde aus der Nähe von Ingolstadt, der viel für Audi fertigte, und weil ihn die ständigen Fahrten zwischen unserer und seiner Firma zu viel Zeit kosteten, hatte er mir ein Angebot gemacht: Wir expandierten und eröffneten eine Zweitniederlassung in seiner Nähe – dafür garantierte er uns ein festes Auftragsvolumen.

»Und, wie schaut's aus?«, fragte er und zog mit den Zähnen geschickt das Brät aus dem Darm.

»Mhhh.« Ich brach ein Stück von meiner Brezn. »Das kann ich nicht allein entscheiden. Ich müsste mit Mike sprechen. Und mit Meininger.«

»Ja und? Dann red halt mit dene.«

»Ich meine, das Ganze funktioniert doch überhaupt nur, wenn einer von uns mitgeht. Und Mike …« Ich schüttelte den Kopf. Mike würde nicht nach Ingolstadt ziehen, darüber brauchte ich keine Sekunde nachzudenken.

»Mei, dann kommst halt du.« Krachend rutschten neben uns vier gestandene Mannsbilder auf die Bänke, auf ihren Tellern riesige goldbraun gebratene Schweinshaxn. Ihre Maßkrüge machten dumpfe Geräusche, als sie mit einem kernigen *Prosit*! anstießen. »Dann kommst halt du, das wär mir eh am liebsten.«

Ich schnitt ein Stück von meiner Wurst und strich eine Ladung Senf darauf. »Theoretisch ginge es«, antwortete ich zögernd. »Christian ist unser bester Mann, Lutz kann überall einspringen, beide können programmieren. Es ist nur …«

Mein Gegenüber hob seine buschigen weißen Augenbrauen.

»Na ja, Mike ist viel unterwegs, darum bin ich eigentlich unabkömmlich. Ich meine, einer muss schließlich Entscheidungen treffen, koordinieren, als Ansprechpartner für die Kunden da sein. Ich kann mich ja nicht zerteilen …«

Er wischte sich mit dem Handrücken über die Lippen und warf mir einen prüfenden Blick zu. »Ich hab g'hört, bei euch knirscht's a bissal?«

Ich spürte, wie mir warm wurde, und griff nach meinem Bierglas; ich wusste nicht, wie weit sich die Spannungen zwischen Mike und mir in der Branche herumgesprochen hatten.

»Mach dir nix draus, da seid's ihr nicht die Ersten.« Er grinste und prostete mir zu. »Mach's Beste draus.«

Ich nickte und trank, fischte noch eine Weißwurst aus der Terrine und beugte mich wieder über meinen Teller. Die Worte hallten durch meinen Kopf – was *war* das Beste? Mike, Meininger und ich waren gleichberechtigte Partner einer GmbH. Um sie aufzulösen bedurfte es eines Beschlusses aller dreier Gesellschafter oder zumindest einer Dreiviertelmehrheit innerhalb der Gesellschafterversammlung. Der Ausschluss eines einzelnen Gesellschafters war juristisch zwar möglich, aber umständlich und langwierig. Und wenn ich ehrlich war, scheute ich den offenen Konflikt.

Mein Gegenüber winkte nach der Bedienung und bestellte noch zwei Weißbier. Später bestand er darauf, die Rechnung zu übernehmen. »Des geht auf mich«, sagte er und zückte, bevor ich etwas tun konnte, seine Geldbörse. »Weil die Geschäfte, die laufen grad sakrisch gut.« Er zwinkerte. »Des viele

Geld, des wo grad bei mir reinkommt, des muss ja wieder in Umlauf, gell?«

»Freut mich, danke«, antwortete ich und schob mein Portemonnaie wieder in die Hosentasche, während er drei Scheine auf den Tisch blätterte und der Bedienung ein stattliches Trinkgeld gab. Dann griff er nach seinem Glas und prostete mir ein letztes Mal zu. »Ich sag dir was: Eine solche Chance, die kriagt a jeder nur oamoi im Lebn.« Der beinahe beschwörerische Nachdruck in seiner Stimme erinnerte mich an Mike – damals, auf dem Parkplatz, vor Lichtjahren, in einer anderen Welt.

In den folgenden Wochen dachte ich immer wieder über das Angebot nach. Dafür sprach, dass wir mit einer zweiten Niederlassung neue Kunden gewinnen, mehr Umsatz machen, uns breiter aufstellen und unabhängiger werden würden. Dagegen sprach, dass wir wegen unserer jüngsten Investitionen hohe Darlehen bedienten. Zwar war ich überzeugt, dass die Bank eine weitere Expansion finanzieren würde – doch nur, wenn Mike und ich geschlossen auftraten.

Ich plante, rechnete und grübelte. Und fand keine Lösung.

Eines Abends, als ich die Anlage bereits heruntergefahren hatte und ins Büro ging, um Sam zu holen und noch einen kurzen Spaziergang zu machen, saß überraschend Mike an seinem Schreibtisch. Er blätterte in einem Ordner mit Aufträgen. Auf seinem Bildschirm flatterten kleine Toaster mit weißen Flügeln über den schwarzen Fond.

»Was machst du denn hier?«, fragte ich und meine Stimme klang vorwurfsvoller, als ich es beabsichtigt hatte.

Mike sah auf. Ein stummer Blick, den ich nicht zu deuten wusste.

Ich weiß nicht, was mich in diesem Moment trieb, doch ohne weiter zu überlegen, erzählte ich ihm von dem Angebot.

»Ingolstadt?«

Ich nickte.

»Das sind 150 Kilometer.«

Ich zuckte mit den Schultern. »Nicht ganz.«

Mike schlug den Ordner zu, so heftig, dass die fliegenden Toaster verschwanden und eine Datei mit einer Excel-Tabelle auf dem Bildschirm erschien. »Kommt überhaupt nicht infrage«, schnaubte er.

»Jetzt denk doch mal nach …«

»Kommt überhaupt nicht infrage.« Er schnellte hoch wie eine zu stark gespannte Feder. »Da brauch ich nicht nachzudenken, keine Sekunde lang. Ich! Will! Nicht! Weiter! Wachsen!« Er war nicht sehr groß und eher schlank als breitschultrig, doch als er jetzt hinter seinem Schreibtisch stand, ging etwas Erschreckendes von ihm aus. Er sah aus wie die fleischgewordene lodernde Verweigerung.

Eine Mauer.

Ein Fels.

»Keine Erweiterung. Kein Umzug. Keine weitere Niederlassung. Nicht mit mir, basta.«

Ich schloss die Augen und holte tief Luft.

Es war ein Fehler gewesen, mit ihm zu reden.

In den folgenden Wochen dachte ich immer wieder über das Angebot nach – und über die Möglichkeit, es allein anzunehmen. Ich malte mir aus, nach Ingolstadt zu ziehen und dort eine Dependance aufzubauen, während Mike hierblieb, im Stammhaus. Ich spürte, wie die Vorstellung mich lockte, ohne ständige Spannungen zu arbeiten, mein ganz eigener Herr zu sein. Außerdem hatte ich mich im Ort nie wirklich zu Hause gefühlt und abgesehen von meinen Kollegen und Frau Pfister keine Freunde hier, ich konnte genauso nach Ingolstadt ziehen, vielleicht würde es mir dort besser gefallen. Eine vollständige Trennung von Mike und Meininger kam dagegen nicht infrage, denn wenn ich jetzt aus der GmbH austrat, würde ich ein Drittel unserer Verpflichtungen übernehmen und mit hohen Schulden eine neue Existenz gründen; um mich herauszukaufen verfügten beide nicht über das Kapital. Zudem enthielt unser Gesellschaftervertrag eine Klausel, nach der keiner von uns dreien im ersten Jahr nach seinem Ausscheiden eine Firma gründen durfte, die unserer jetzigen unmittelbar Konkurrenz machte.

Ich plante, rechnete und grübelte. Und je länger ich grübelte, desto mehr wuchs mir alles über den Kopf.

Schließlich lehnte ich das Angebot ab und entschied mich für das, was ich hatte: eine etablierte Firma, die verlässlich Umsatz machte, mit motivierten Mitarbeitern, die ich schätzte und mochte und die mich schätzten und mochten. Mit Mike würde ich mich irgendwie arrangieren.

Im Jahr darauf kündigte Christian. Er hatte beschlossen, sich selbstständig zu machen – in Ingolstadt.

Mit schweren Schritten lief er die Alte Mainbrücke entlang und sah dabei genauso aus wie damals: gedrungen, kompakt und voller Energie, die Haare wild in alle Richtungen stehend, der dunkle Bart verdeckte das halbe Gesicht. Ich schnippte meine Zigarette über die Brüstung und ging ihm entgegen, und als wir uns in der Mitte der Brücke trafen, im wilden Schneegestöber, sah er mich an, mit einem Blick, der mir zutiefst vertraut war: freundlich, direkt und unbeugsam. Im Nu fühlte ich mich um Jahrzehnte zurückversetzt.

»Grüß dich.« Er legte seine Hand auf meine Schulter.

»Grüß dich.« Ein wenig scheu erwiderte ich seine Begrüßung. Sein schwarzer Rübezahlbart glitzerte von Schneeflocken und Tautropfen, und plötzlich musste ich lachen und wir umarmten uns und schlugen uns auf die Schultern, wie Männer das so machen. Rainer war schon immer ein besonderer Mensch gewesen, heimatverbunden, traditionsbewusst und zugleich anarchisch, eine Art früher Grüner, ein Öko, wie die Bauern im Dorf schimpften, der nicht aufhörte, auf sie einzureden, die Büsche an ihren Ackersäumen nicht zu roden, weil darin seltene Vögel nisteten. Die Bauern hatten dafür nicht das geringste Verständnis – *So ä dumms Gschmarr*! –, doch er ließ sich weder beirren noch einschüchtern. Inzwischen arbeitete Rainer für eine Umweltschutzorganisation in Würzburg, eine Entscheidung, die niemanden überrascht hatte, allenfalls sein Entschluss, das Dorf zu verlassen, hatte für Erstaunen gesorgt.

»Gut schaust aus.« Er grinste mich an. »Hast du die Feiertage gut überstanden?«

Ich zuckte mit den Schultern und lächelte schief. »Na ja …« Am Vortag waren wir uns im Dorf begegnet. Schon lange fuhr ich nur noch zu Festen heim, besuchte die Mutter, den Vater und Margaretha, die ins Nachbardorf geheiratet hatte. Vielleicht war es dem Altersunterschied geschuldet, dass meine Schwester und ich nicht nur als Kinder, sondern auch als Erwachsene nie wirklich zueinandergefunden hatten, und auch mit den Eltern war der Kontakt eher distanziert. Ich liebte sie, wie man seine Eltern liebte, ich respektierte ihre

Leistung im Leben, doch in unserer Familie zeigte man keine Gefühle. Ausgerechnet zu Weihnachten zusammenzurücken stieß mir deshalb jedes Jahr aufs Neue seltsam auf. Ich tat mich schwer mit dieser pflichtgemäßen Besinnlichkeit, der bemühten Heimeligkeit unterm Tannenbaum. Außerdem mochte ich die Enge und das Getratsche im Dorf nicht, jeder redete über jeden, auch wenn keiner eine Ahnung von gar nichts hatte, wurde alles hingebungsvoll seziert und hemmungslos kommentiert.

»Bei uns war's ganz nett zugegangen, aber allzu lange halt ich's auch nicht aus.« Er sprach noch immer mit dem gerollten R unseres Heimatdialekts, ersetzte jedes harte T durch ein D, jedes P durch ein weiches B, etwas, was ich in den Jahren, seit ich fortgegangen war, verloren hatte, ohne es überhaupt zu bemerken. »Komm, wir setzen uns irgendwo rein.« Er deutete auf ein Gasthaus am Ende der Brücke: die Alte Mainmühle. Dort hatte ich früher, wenn ich es mir als Student leisten konnte, gern Schweineschäufele oder frische Makrele gegessen.

»Gern.«

»Aus München bist du sicher Aufregenderes gewöhnt.« Der Schnee knirschte unter unseren Sohlen, als wir über die Brücke liefen. Seit Tagen schneite es und die Altstadt mit ihren spitzen Dächern und Kirchtürmen sah aus wie eine Postkartenidylle.

»Überhaupt nicht.« Ich schüttelte den Kopf. »Du ahnst nicht, wie lange ich schon nicht mehr in München war.«

»Ich dachte, du wohnst da.« Bei jedem Wort stoben weiße Wölkchen aus Rainers Mund. »Bist du umgezogen?«

»Schon damals, als wir uns selbstständig gemacht haben,

ich wollte nicht pendeln. Inzwischen habe ich ein Haus gekauft, ganz in der Nähe der Firma.«

Er stieß einen kurzen, anerkennenden Pfiff aus.

»Keine Villa«, beschwichtigte ich. Es war das Haus, in dem ich zuvor schon zur Miete gewohnt hatte: vier Zimmer, Terrasse, ein kleiner Garten. Kein Luxus, aber ich fühlte mich wohl, und Sam mochte es, durch den Garten zu stromern. Als der Vermieter das Haus verkaufen wollte, hatte ich nicht gezögert.

»Nur keine falsche Bescheidenheit«, erwiderte Rainer. Wir hatten das Ende der Brücke erreicht und vor der Alten Mainmühle standen Stehtische auf dem Pflaster, an denen gut angezogenen Menschen Sekt – oder Champagner? – tranken. Wie in München, dachte ich, nur weniger Bling-Bling. »Meine Mutter meint, deine Firma läuft sehr gut.«

Ich lachte.

Rainer zog die Schultern hoch, als wolle er sagen: Was kann ich dafür? »Sie weiß es von deiner Mutter.«

Ich nickte. »Klar.«

»Stimmt's nicht?« Er grinste; auch ihm ging das ständige Getratsche auf die Nerven.

»Sagen wir, ich bin zufrieden«, antwortete ich.

»Sehr diplomatisch formuliert.« Er zwinkerte mir zu und stieß die schwere Tür auf.

Drinnen roch es nach Braten und Würsten, nach Blaukraut, Bier und Gemütlichkeit. Wir gingen in den hinteren Teil und setzten uns an einen Tisch, von dem aus wir auf den Main und die Festung Marienberg sahen. Die Mittagszeit war bereits vorüber, und obwohl mich die Mutter daheim zwei Tage lang mit Gänsebraten geradezu gemästet hatte, bekam ich unbändigen Appetit auf Schweineschäufele.

Nachdem die Bedienung unsere Bestellung aufgenommen und zwei Schoppen Silvaner gebracht hatte, lehnte Rainer sich zurück und rieb seinen feuchten Bart. »Also?«, sagte er und hob eine Braue. »Was ist aus dir geworden?«

»Puh …« Einen Moment wusste ich nicht, wo ich beginnen sollte. »Wann haben wir uns das letzte Mal gesehen?«

Er dachte nach. »Du warst noch an der Fachhochschule. Aber es war nach diesem Praxissemester, nach dem du fast nicht mehr Ingenieur werden wolltest …«

»Himmel, ist das lange her.«

»Da sagst du was.«

Ich holte Luft und umriss in kurzen Sätzen, was danach geschehen war: dass ich das Studium abgebrochen hatte, nach München gezogen und in die Lasertechnikbranche eingestiegen war, dort Mike kennengelernt und mit ihm eine Firma gegründet hatte. Dass wir kontinuierlich investiert hatten, wuchsen und uns seit fast fünfzehn Jahren recht gut am Markt behaupteten. Dass wir inzwischen unterschiedliche Ansichten hatten, was die Zukunft betraf, und ich mich in stillen Momenten manchmal fragte, wie es weitergehen würde. Dass ich solche Fragen jedoch auch wieder beiseiteschob und weiterarbeitete, weil es weitergehen musste. Rainer hörte schweigend zu, fragte nur ab und zu nach einem Namen, einem technischen Detail, das er nicht kannte. Das hatte ich schon immer an ihm gemocht: die unbedingte Aufmerksamkeit, mit der er anderen zuhörte. Und ich war überrascht zu merken, wie gut es mir tat, über alles einmal mit jemandem zu sprechen.

Ich endete, als die Bedienung unser Essen brachte: Schweineschäufele in Dunkelbiersoße und Fränkischen Sauerbraten mit geschmelzten Kartoffelklößen. »An guadn!«

»Danke.« Ich beugte mich vor und sog den Duft des Fleisches ein – der gleiche Duft wie damals.

»Weißt du, wenn ich dir zuhöre, finde ich, du solltest eine Auszeit nehmen.« Rainer faltete seine Serviette auseinander. »Mach Urlaub, ruh dich aus. Mit Abstand denkt man über vieles ganz anders und sieht Wege und Lösungen, die man vorher nicht sehen konnte.« Er stopfte einen Zipfel der Serviette in seinen Kragen; etwas, was in Restaurants fast nur alte Männer taten. »Weißt du noch, unsere Deutschlandtour?«

»Die Kieler Straße?« Schlagartig sah ich die Bilder vor mir: Im August 1981 hatten wir, gemeinsam mit Susanne, in unserer Stammwirtschaft *Zum Ochsen* einen Straßenatlas aufgeschlagen. Mit geschlossenen Augen tippte Susanne auf die Karte. Beim ersten Mal landete sie außerhalb des Atlas', beim zweiten Mal bei Hannover. Wir beschlossen, zu dritt Richtung Norden zu fahren.

In Kassel hielten wir. »Hier war ich während meiner Bundeswehrzeit stationiert«, sagte ich, »ich zeige euch die Stadt.« Wir suchten einen Campingplatz (war schnell erledigt), besichtigten Kassel (war auch schnell erledigt) und fuhren zur Wilhelmshöhe, besichtigten Schloss, Herkules und Wasserspiele (dauerte auch nicht lange). Dann fuhren wir weiter nach Hannover. Die Stadt war ähnlich langweilig wie Kassel, also fuhren wir nach Hamburg. Hier gefiel es uns auf Anhieb: die prächtige Innenstadt, das verruchte St. Pauli, der riesige Hafen. Eines Nachts zogen wir über die Reeperbahn, und weil die Luft lau war und unsere Stimmung bestens, beschlossen wir, zu Fuß zu unserem Campingplatz zurückzulaufen.

»'Tschuldigung, wo geaht's n do zur Kieler Straße?«, fragte Rainer in breitestem fränkischem Dialekt ein paar Passanten;

er amüsierte sich über die Menschen, die sprachen, wie man bei uns nur schrieb. Die Hamburger allerdings verstanden kaum ein Wort, lachten und deuteten schließlich Richtung Norden. Oder Westen. Oder Nordwesten.

Wir liefen los.

Nach einer guten Stunde, aber immer noch bester Dinge fanden wir die Kieler Straße.

»Geschafft«, seufzte Susanne.

Doch die Kieler Straße war lang.

Die Kieler Straße war länger als alle Straßen, die wir je gesehen hatten.

Die Kieler Straße war viele Kilometer lang, eine Ausfallstraße, die zur Autobahn führte, und wir liefen und liefen und liefen.

»Gleich sind wir in Kiel«, unkte Susanne.

»Wollt ich immer schon mal hin«, erwiderte Rainer.

»Zu Fuß?«

»Alles andere wär unsportlich.«

Wir lachten.

»Da kommt ein Bus«, sagte ich.

»Spielverderber!«

»Feigling!«

Wir lachten und ließen alle Busse vorüberfahren, liefen weiter und liefen und schlugen uns an jeder Haltestelle stolz auf die Brust – wir waren Helden. Irgendwann, nach zwei oder drei Stunden, erreichten wir den Campingplatz, mit müden Füßen und vor Lachen schmerzenden Bäuchen.

»Die Kieler Straße vergess ich im Leben nicht.« Grinsend stieß Rainer die Gabel in den Sauerbraten.

»Ja, das waren zwei großartige Wochen damals.« Ich wandte

mich meinem Schweineschäufele zu – das Fleisch ließ sich wunderbar leicht vom Knochen lösen. »Aber so schlimm, dass ich eine Auszeit nehmen müsste, ist es in der Firma nicht. Wie sollte das auch gehen? Ich kann die Mitarbeiter nicht allein lassen.«

»Niemand ist unersetzlich.« Rainer löste ein Stück von seinem Kartoffelkloß und tunkte es in die Soße.

»Vielleicht nicht grundsätzlich unersetzlich, aber als Chef kannst du nicht einfach sagen: Servus, ich bin dann mal weg.«

Er schob sich ein weiteres großes Stück Sauerbraten in den Mund und lehnte sich zurück, kaute langsam und genüsslich und sah mich an. Etwas in seinem Blick erinnerte mich an Frau Pfister.

Schließlich schluckte er, lächelte und hob sein Glas. »Auf unser Wiedersehen.«

Wir stießen an. Der Silvaner war kühl und fein, er schmeckte fruchtig und ein wenig erdig, und während ich trank, dachte ich wieder an damals: an die Leichtigkeit jener Tage und die Zukunft, die vor uns lag: Nach der Bundeswehr wollte ich mein Fachabitur nachmachen und Maschinenbau studieren. Rainer wollte in den Umweltschutz, die Welt verändern. Ich schauderte – all das war fünfundzwanzig Jahre her, ein Vierteljahrhundert. Und doch verband uns immer noch dieselbe wohlige Vertrautheit wie einst.

»Und privat?«, fragte Rainer und wischte sich über die Lippen. »Hast du noch Kontakt zu den anderen im Dorf?«

Ich schüttelte den Kopf. »Je länger ich fort war, desto loser wurden die Kontakte. Außerdem habe ich während des Studiums neue Leute kennengelernt.« Ich dachte an Gregor, an

Volker und seinen Bruder Markus, an Werner und die beiden Karins. »Wir haben viel zusammen unternommen, wir waren eine richtige Clique.«

»Das lustige Studentenleben?«

»Ja, es war eine schöne Zeit.« Ich spießte ein Stück Schweineschulter auf. »Wenn ich jetzt darüber nachdenke, war es vielleicht die schönste Zeit in meinem Leben, so frei und sorglos ...«

»Klar, wenn man bedenkt, dass du heute mit deiner Firma verheiratet bist.«

Verduzt sah ich auf. »Wie meinst du das?«

»Wie ich das meine?« Rainer sah mich an und sein Frau-Pfister-Blick wich offener Verwirrung.

»Ich verstehe nicht ...«

»Du verstehst nicht?« Er ließ das Besteck sinken. »Nun, ich denke, dass du ziemlich viel arbeitest, zu viel.«

Ich lachte. »Ich bin selbstständig, ich trage Verantwortung. Außerdem macht mir die Arbeit Spaß und ich war noch nie der Stechuhren-Typ –«

»Davon rede ich nicht«, unterbrach er mich. »Es ist gut, dass dir die Arbeit Spaß macht, das kann nicht jeder von sich sagen.« Er stützte beide Arme vor sich auf den Tisch. »Aber wer so viel arbeitet wie du, arbeitet zu viel. Was sagt denn deine Frau dazu?«

Ich schluckte. »Ich bin nicht verheiratet.«

Das Staunen in Rainers Gesicht schien noch zu wachsen. »Ich dachte, alle seien verheiratet.« Er lehnte sich zurück und strich über das Tischtuch. Plötzlich lag etwas Wehmütiges in seinem Blick.

»Was meinst du?«

Rainer senkte den Blick und schüttelte den Kopf und etwas hielt mich davon ab, weiter nachzufragen.

Stattdessen hob ich mein Glas.

Er lächelte, ein wenig bemüht, und wir stießen erneut an.

»Jetzt habe ich so viel geredet«, sagte ich. »Erzähl doch mal, was aus dir geworden ist.«

Rainer griff nach seinem Besteck, spießte das letzte Stück seines Kartoffelkloßes auf, das letzte Stück Fleisch, fuhr durch den Rest der Soße und schob die Gabel in den Mund. Dann lehnte er sich zurück, kaute und sah aus dem Fenster. Draußen schipperte ein weißer Dampfer den Main entlang. Während der Weihnachtstage hatte der Vater gesagt, dass er gern einmal mit einem Ausflugsdampfer den Main entlangfahren würde. Der Vater, der sein Leben lang nie verreist war, immer gearbeitet und jeden Pfennig gespart hatte. Alle waren überrascht gewesen. Spontan beschloss ich, ihm zwei Billetts für eine Schiffstour auf dem Main zum Geburtstag zu schenken.

Rainer zog die Serviette aus seinem Kragen und legte sie neben den leeren Teller. »Dass ich im Umweltschutz arbeite, weißt du ja.«

»Ja, das hat mir die Mutter erzählt.«

Ein wortloses Grinsen.

»Und bist du zufrieden? Macht dein Job dir Spaß?«

»Sehr, es ist zutiefst befriedigend, etwas Sinnvolles zu tun, statt überflüssigen Kram für eine Welt herzustellen, die längst alles hat.«

»Das freut mich.« Ich merkte, dass ich mich wirklich für ihn freute. »Aber … kann ich dich was fragen?«

Er hob eine Braue.

»Arbeitest du immer vierzig Stunden die Woche?«

Er schüttelte den Kopf.

Ich nickte. Ich wollte nicht rechthaberisch sein, trotzdem sagte ich: »Wer seinen Job liebt, zählt nicht die Stunden.«

»Hätte ich's bloß getan.« Er biss sich auf die Zunge.

»Ach, was soll's.« Rainer wischte sich noch einmal mit der Serviette über die Lippen und es sah aus, als wische er etwas Unangenehmes fort. »Bei mir haben Beziehung und Freundschaften auch unter der Arbeit gelitten.«

Ich lehnte mich zurück. »Das tut mir leid.«

Er machte eine Geste mit der Hand, die so viel sagte wie: Lass uns nicht weiter darüber reden.

Ich sah aus dem Fenster. Der Dampfer war verschwunden.

Als die Bedienung unsere Teller abräumte, bestellte ich Kaffee und noch zwei Schoppen Silvaner.

»Weißt du noch, was wir gesagt haben, als wir mit der Schule fertig waren?«, fragte Rainer, als wir wieder allein waren.

»Was meinst du?«

Er lachte und die Wehmut, die eben noch in seinem Blick gelegen hatte, war wie weggewischt. »Du sagtest, du wolltest auf keinen Fall ein Bürohengst werden.«

»Stimmt.«

»Ich auch nicht.«

»Das immerhin haben wir geschafft.«

Er nickte zufrieden und wiegte den Kopf hin und her, als wöge er etwas ab. Dann beugte er sich vor. »Wenn du nicht verheiratet bist, hast du aber eine Freundin?«

Ich spürte, wie eine jähe Sehnsucht durch mich hindurchfuhr, wie ein kurzer Luftstoß an einem warmen Sommertag, eine Brise, die einen schaudern ließ.

»Nein«, sagte ich.

Rainer sah mich an – wieder mit diesem Frau-Pfister-Blick.

Das konnte er wirklich gut.

War das früher auch schon so gewesen?

»Muss ich mir Sorgen um dein Sozialleben machen?«

An einem Nachbartisch hinter mir lachte eine Frau auf, laut und unangenehm schrill. Ich fuhr zusammen.

»Es mag komisch klingen«, sagte ich und straffte die Schultern, »aber ich habe wirklich viel um die Ohren.«

»Der Mensch braucht andere Menschen, wir sind soziale Wesen.«

»Ich bin den ganzen Tag von anderen Menschen umgeben.«

»Du weißt, was ich meine.«

Ich schloss die Augen und wusste einen Moment nicht, was ich antworten sollte. Und plötzlich tauchte das Bild von Werner auf – an der Fachhochschule hatten wir dieselben Vorlesungen besucht, beide taten wir uns schwer, Mädchen anzusprechen, und eines Tages beschlossen wir, in einem der Anzeigenblättchen, die in allen Kneipen auslagen, eine Kontaktanzeige aufzugeben. Zwischen Konzert- und Kinotipps, in der Rubrik ER SUCHT SIE. Wir bekamen tatsächlich ein paar Zuschriften. Doch die Treffen waren enttäuschend: Wenn man nicht mehr übereinander wusste als Alter, Größe und Beruf, war die Gefahr groß, dass man sich gegenübersaß und nach ein paar dürren Sätzen merkte, dass man sich nichts zu sagen hatte. Also beschlossen wir, noch ein bisschen Geduld zu haben. Irgendwann würden wir schon die Richtigen treffen.

Ob Werner seine Richtige inzwischen getroffen hatte?

Auch ihn hatte ich seit Jahren nicht gesehen. Ich wusste nur, dass er nach Berlin gezogen war.

»Woran denkst du?« Rainer löffelte etwas Milchschaum von seinem Cappuccino.

Ich überlegte, ob ich ihm von der Anzeige erzählen sollte.

»Die großen Fragen des Lebens?«

Ich schüttelte den Kopf, wischte die Erinnerung fort und goss stattdessen Milch in meinen Kaffee. »Eher ein paar Jugenddummheiten.«

Er nickte.

Trotzdem blieb ein ungemütliches Gefühl in mir zurück. Zum ersten Mal fragte ich mich, ob ich etwas falsch machte, all die Jahre falsch gemacht hatte. Ich war ja nicht schüchtern oder gehemmt, sonst hätte ich schließlich gar keine Freunde gehabt.

»Ach, Frauen sind einfach kompliziert«, sagte ich und griff nach meiner Kaffeetasse. Dann überlegte ich es mir anders, stellte sie wieder hin, nahm stattdessen mein Weinglas und trank einen großen Schluck kühlen Silvaner.

Rainer lachte. »Das sagst du dem Richtigen.«

Ich lachte ebenfalls und wir stießen ein weiteres Mal an, während drüben auf der anderen Mainseite die Festung Marienberg mit ihrem Schutzwall über der Stadt schwebte wie ein Raumschiff aus höfischer Zeit. Plötzlich spürte ich unter der angenehmen Vertrautheit mit Rainer ein Gefühl des Bedauerns, eine seltsame Leere. Es war, als fehle mir schon seit geraumer Zeit etwas – bloß hatte ich es bisher nicht bemerkt.

9

Wie eine Schlange windet sich der Fluss durch die Auen. Sanfter Wind kräuselt seine Oberfläche und Tausende winziger Lichtblitze tanzen übers Wasser und lassen es glitzern und gleißen. Ein Schwarm Enten treibt flussabwärts und ich sehe ihm nach, bis sich die Konturen der plumpen Körper, der dünnen Hälse, der kleinen Köpfe im hellen Licht auflösen.

Ich schließe die Augen.

Doch hinter meinen geschlossenen Lidern wirbelt es weiter – helle Splitter flirren vor dunklem Grund, ein Blinken und Flimmern, ein Leuchten und Schimmern, ein Funkeln und Sprühen, ein gleißendes Kaleidoskop …

Ein Meer aus Licht.

Und wieder wird mir seltsam leicht und ein fast vergessenes Gefühl breitet sich in meinem Inneren aus, ein Gefühl irgendwo zwischen Sorglosigkeit und Schwerelosigkeit …

Als ich zwanzig Jahre alt war, wollte ich nach Kanada auswandern. Trotz meiner Bewunderung für Einstein und seine Gedanken über den Pazifismus wollte ich mich als Zeitsoldat verpflichten, denn die Bundeswehr, die viele ihrer Übungsflüge über den leeren Weiten Kanadas fliegt, bot mir an, die dortige Luftwaffe bei der Instandhaltung ihrer Flugzeuge zu unterstützen. In Gedanken sah ich mich schon in den Rocky Mountains, fuhr durch Prärielandschaften und endlose Wälder, flog über die arktische Tundra, Fjorde und Seen. Ich war fasziniert von einer überwältigenden Natur und von Gegenden, in denen man kaum Menschen traf, dafür Bären, Wölfe und Rentiere. Ich träumte von den Niagarafällen und vom Indian Summer, ich vibrierte vor Vorfreude, in diese Landschaften zu tauchen und mich in ihnen zu verlieren. Es war ein unwiderstehliches Ziehen.

Ich unterschrieb.

Als ich nach Hause kam, brach die Mutter in Tränen aus. »Bub, was hast du getan?«

»Ich will fort.«

»Aber du hast doch alles!«

»Ich will raus aus dem Dorf und andere Länder sehen.«

»Das kannst du mir nicht antun.«

Ich schluckte.

»Ich will …«

»Das kannst du mir nicht antun.«

»Ich möchte …«

»Tu mir das nicht an.«

Tränen.

Tränen.

Und noch mehr Tränen. Ich spürte, wie ich mürbe wurde. Wie meine Pläne schrumpften – keiner in der Familie war je weiter als bis Würzburg gezogen.

»Und was wird aus dem Grundstück?«, fragte der Vater tonlos.

»Das Grundstück?«

Er nickte – das Grundstück seiner Schwester, wenige Meter die Straße hinauf, das Haus war reserviert für Margaretha oder mich, der jeweils andere würde nebenan bauen. So bliebe die Familie beieinander.

»Was wird daraus?«, fragte er. Er weinte nicht, er weinte nie, doch sein Gesicht war das eines Mannes, der zusehen musste, wie seine Zukunft zerfiel.

»Bub«, sagte die Mutter und ein neuer Strom Tränen quoll aus ihren rot geweinten Augen, »das kannst du uns nicht antun.«

Ich gab auf.

Und blieb.

Eine brummende Fliege landet auf meiner Stirn. Ich öffne die Augen, wische sie fort. Der Fluss schillert noch immer, als tanzten Tausende Silbertropfen übers Wasser – warum bloß berührt uns die Schönheit der Natur so unmittelbar? Schon immer hat es mich mit allem versöhnt, wenn ich in den Wald ging, durch Wiesen streifte, ans Meer fuhr. Vor allem ans Meer. Stundenlang auf eine gerade Linie am Horizont zu schauen mag für manche Menschen der Inbegriff der Langeweile sein, mich beruhigt es. Als würde durch die scheinbar unveränderliche Balance im Außen auch innen ein Gleichgewicht hergestellt, als fänden alle Gedanken, Gefühle, Freuden und Schmerzen ihren Platz, ihren Sinn. Als gäbe es keine losen Fäden mehr, keine Sinnlosigkeiten, keine Verletzungen und Niederlagen, die man nicht versteht, nur erleidet.

In der Natur atmet der Mensch Freiheit.

Wenn ich jetzt zurückdenke, waren die Stunden, in denen ich einst am Strand saß und aufs Meer hinaussah – in Südfrankreich an den weiten Stränden der Camargue, in Griechenland, wo ich mit Peter und Karl den gesamten Peloponnes umrundete, und später immer wieder auf Lefkas, einer Insel fernab vom Massentourismus, mit wilden Klippen und tosender Brandung –, die Einzigen in meinem Leben, in denen ich mich wirklich frei fühlte – frei von jeder Last, jedem Druck, jedem Zwang und zugleich war ich eingebunden in eine kosmische Ordnung, wurde getragen von den Elementen, umhüllt von der Größe der Welt, ihrer Schönheit. Hier an der Isar, in diesen lichten Sommertagen, wenn ich mich früh ans Ufer setze und dem Glitzern auf dem Wasser zusehe, wenn ich alle viere im Kies ausstrecke, die Augen schließe und dem gleichmäßigen Rauschen lausche, das von Sorglosigkeit erzählt und von Frieden, das wie Musik klingt, eine Musik, die ins Herz dringt, in die Seele, den Geist, die mich auf ihren Schwingen mitnimmt und fortträgt zu fernen Gestaden, fühle ich mich wieder wie damals am Meer …

Frei …

Sobald ich die Augen öffne, überkommt mich jedes Mal Wehmut, denn ich weiß, dass es diese Sorglosigkeit nur hier gibt, an diesem Flecken, in diesem Moment.

Wie wäre mein Leben verlaufen, wenn ich meine Unterschrift damals nicht zurückgezogen hätte? Wenn ich, zumindest für eine Weile, nach Kanada gegangen wäre? Würde ich heute noch dort leben? Irgendwo in der Prärie, als Farmer, mit Land und Frau und Kindern, würde ich über Felder reiten, Weizen anbauen oder Baumwolle, Elche jagen und Grizzlybären? Oder hätte ich auch dort Maschinenbau studiert? Hätte ich auch dort eine Firma aufgebaut? Und wieder verloren?

Als ich nach meiner Entlassung aus der Bundeswehr sagte, ich wolle studieren, schwieg die Mutter. Der Vater sagte, wenn ich das wirklich wolle, solle ich es tun. Margaretha beneidete mich; sie wäre selbst gern länger zur Schule gegangen und hätte einen Beruf erlernt. Vielleicht waren auch alle einverstanden, weil es eine Hochschule in der Nähe gab, in Schweinfurt. Ich war der Erste in der Familie, der eine Hochschule besuchen wollte und schon die Fachoberschule, auf der ich zunächst mein Fachabitur nachmachen musste, war eine fremde Welt, doch ich fand mich zurecht, sogar besser als erwartet. Ich traf Gregor – auch er aus dem Dorf, trotzdem hatten wir nicht gewusst, dass wir beide studieren wollten –, die Lehrer waren nett, der Stoff war interessant, das Lernen machte Spaß. Am Ende bestand ich mein Fachabitur mit 1,8 – eine deutlich bessere Note als seinerzeit bei der mittleren Reife, mit der ich ohne Probleme einen Studienplatz für Maschinenbau bekam.

Eine zarte Berührung an meinem Arm. Ein Schmetterling ist auf meinem Ellbogen gelandet, ein graubrauner Falter … an den Rändern seiner Flügel verläuft ein weißer Rand mit schwarzen Tupfen … um die Tupfen schließen sich wie schmale Ringe gelbe Kreise … die Flügel bestehen aus zwei leicht gegeneinander verschobenen Flächen, riesig im Verhältnis zu dem dünnen, raupenförmigen Körper … sie sind so zart, dass das Licht hindurchzuschimmern scheint … eine einzige unbedachte oder absichtliche Bewegung könnte sie zerstören …

Ich bewege mich nicht. Verharre still und beobachte, wie zwei kreisende Fühler über meine Haut tasten, die von der Sonne gerötet ist … betrachte die filigranen Beine … die schwarzen Augen, die ins Leere zu blicken scheinen … ich nehme jede winzige Regung wahr, minutenlang …

Als der Schmetterling fortfliegt, bleibe ich zurück, erfüllt vom Verlust von etwas Flüchtigem, Wunderschönem, das ich gern gehalten hätte.

Habe ich zu wenig darauf bestanden, das Eigene zu verwirklichen?

Der Gedanke durchfährt mich jäh. Habe ich mich im Leben nicht genug durchgesetzt, mich zu wenig für meine Belange eingesetzt? Mein Hals verengt sich. Ich schlucke.

Und schiebe den Gedanken wieder fort, verschließe ihn in den Katakomben meines Inneren.

Ein raues Kratzen, als ich langsam über meinen Hals streiche. Ein paar Schritte weiter, in einem Weidenbusch, hockt ein Meisenpärchen und sieht zu, das Männchen – oder das Weibchen? – reckt keck den Kopf, während sich im Spiegel, den ich an einen abgebrochenen Ast hänge, das Sonnenlicht bricht. Seit Langem trage ich einen Bart und auch im Wald stutze ich ihn, denn ich möchte, wenn ich Pfandflaschen zum Discounter bringe oder einkaufe, nicht verwahrlost wirken.

Das Meisenweibchen – oder Männchen? – nickt und stößt ein lautes *Kiek* aus.

Kiek, kiek.

Ist das anerkennend gemeint? Schmunzelnd greife ich nach der Wasserflasche. Ich wasche mein Gesicht, fahre mit dem Kamm durch die nassen Barthaare und nehme die Schere. Ich habe einen Trimmer, doch wie den Walkman, die Kamera benutze ich ihn nicht. Ich könnte Batterien kaufen, ich habe noch Pfandgeld. Doch es geht auch so. Es geht sogar sehr gut so.

Ein Rascheln im Unterholz.

Mit leichten, beinahe schwebenden Schritten nähert sich die Katze. Ich lasse die Schere sinken und sehe ihr zu. Sie nähert sich in einem großen Bogen, zögernd und vorsichtig, immer wieder sieht sie sich um, sondiert das Terrain, mögliche Gefahren, sucht nach Verfolgern, nach Feinden. In etwa zwei

Metern Entfernung bleibt sie schließlich stehen. Setzt sich, platziert graziös die Vorderpfoten nebeneinander, neigt den Kopf.

»Na, Schwarze?«

Keine Regung.

»Hast du dir den Bauch vollgeschlagen?«

Keine Antwort. Natürlich nicht. Doch ihre gelben Augen sehen mich unverwandt an. Sie ist immer noch scheu, wenn auch nicht mehr so scheu wie vor vier Wochen. Allerdings ist sie auch nicht mehr so mager wie vor vier Wochen. Als ich sie das erste Mal sah, lag sie reglos im Laub und beobachtete mich. Ein paar Tage später kam sie wieder; vielleicht lag mein Platz in ihrem Revier? Ich warf ihr ein Stück Wurst zu. Sie schoss davon. Irgendwann näherte sie sich, zögerlich, zaghaft. Ich fütterte sie mit Salami, mit Mortadella. Inzwischen fängt sie die Mäuse, die um mein Zelt herumlaufen, und legt sie vor den Eingang, jedes Mal lobe ich sie ausgiebig, kraule ihren Hals. Manchmal, wenn ich Zeitung lese, rollt sie sich sogar auf meinem Schoß zusammen und schnurrt. Ich mag ihre Gesellschaft, denn sie ist genauso eigenständig, wie ich es bin.

Kiek! In den goldenen Nachmittagsstrahlen, die durch die Baumkronen fallen, plustern die Meisen ihre Brüste und tschilpen – *kieeek, kieeek*! Klare, laute Töne, erstaunlich laut für so kleine Körper. Ich versuche, ihre Laute nachzuahmen.

Die Meisen antworten.

Ich antworte ihnen.

So geht es hin und her, bis nur noch Gekrächze aus meinem Hals kommt. Ich räuspere mich und kämme wieder meinen Bart. Stück für Stück kämme ich die Haare gegen den Strich und stutze sie mit der Schere, auf den Wangen, am Kinn, zuletzt über der Oberlippe, langsam und gründlich, unter den aufmerksamen Blicken der Tiere. Es ist seltsam: Mitten im Wald sehe ich nur Vögel, Mäuse, ein paar Frösche, ab und zu ein Eichhörnchen. Keine Kaninchen. Keine Hasen. Keine Rehe. Kaum Insekten, nicht einmal jetzt im Sommer, nur hier und da ein Käfer, eine Fliege, ein paar Mücken.

Die Katze blinzelt.

Ich blinzele zurück. »Hast du dir den Bauch vollgeschlagen, Schwarze?«, frage ich noch einmal.

Sie legt den Kopf auf die andere Seite und sieht mich unverwandt an. Ich mag es, mit ihr zu reden. Die Katze ist das einzige Wesen, mit dem ich spreche, abgesehen von den Kassiererinnen im Discounter, und ich glaube, sie mag es auch, denn inzwischen kommt sie fast täglich. Sie trägt kein Halsband – vielleicht gehört auch sie niemandem, vielleicht ist auch sie ohne Mensch, ohne Familie. Vielleicht ist der Wald auch ihr Zuhause. Manchmal, wenn ich mit ihr spreche, überrascht mich der raue Klang meiner Stimme, doch es macht mir nichts, dass ich nur mit einer Katze rede. Noch immer will ich keine Menschen sehen, mit niemandem sprechen. Will nicht erklären müssen, warum alles ist, wie es ist, will nicht nachdenken müssen, mich nicht auseinandersetzen, mit mir, mit dem Leben, mit meinem Versagen.

Ich habe keine Erklärung.

Weiß keine Lösung.

Für nichts.

Noch immer nicht.

Darum bin ich froh, allein zu sein, nur mit einer Katze.

Ich lege Kamm und Schere beiseite, streiche über meinen frisch gestutzten Bart und betrachte mich im Spiegel – ein bisschen ungleichmäßig an den Wangen, aber das fällt kaum auf. Auch die Haare sitzen noch gut; sobald sie den Kragen berühren, stutze ich sie ebenfalls.

Mit dem Rest Wasser, der noch in der Flasche ist, säubere ich Kamm und Schere. Die Katze folgt mir, als ich alles zum Zelt zurücktrage. Ich knie nieder und sie streicht um meine Beine. Ich streichle sie. Sie reckt ihren Hals. Sanft kraule ich ihre Kehle, den winzigen weißen Fleck an ihrem Kinn – es verblüfft mich immer wieder, wie unglaublich weich ihr Fell ist. Ich genieße jede Berührung, ihr bedingungsloses Zutrauen.

Irgendwann hat sie genug und schüttelt sich, putzt ihre Pfoten. Neugierig streicht sie zwischen den Zeitungshaufen umher, die sich neben dem Zelt türmen. Ich hätte sie längst fortbringen müssen. Als der Winter zu Ende war und ich wusste, dass ich bleiben würde, fasste ich den Vorsatz, alles, was ich von meinen nächtlichen Streifzügen durch den Ort mitbrachte, auch wieder zu entsorgen. In den ersten Wochen nahm ich, wenn ich zum Supermarkt ging, leere Verpackungen mit, leere Dosen, die Zeitungen, die ich gelesen hatte. Doch bald wurde es mir zu mühsam, um drei oder vier Uhr früh mit vollen Taschen durchs dunkle Unterholz zu stolpern, durch Senken, über umgestürzte Bäume. Unter der dünnen Kruste der Erleichterung schlummert immer noch die Lethargie wie ein müdes Tier. Noch immer fühle ich mich schnell überfordert, tue nur das Nötigste, das, was nötig ist, um zu überleben. Ansonsten schlafe ich. Lese. Sitze auf meinem Stuhl. Gehe zur Isar. Es gibt kleine Freuden, Momente voller Schönheit, sogar Leichtigkeit, doch sie sind wie Löcher, durch die ich ab und zu in die Welt schaue. Der Rest ist Lethargie.

Warum das so ist?

Ich weiß es nicht…

Doch neulich, als ich auf meinem Stuhl saß und den Vögeln zuhörte, fiel mir etwas auf: Das Geräusch in meinen Ohren ist verschwunden, das stete Pfeifen. Ich hatte mich so daran gewöhnt, dass ich nicht bemerkte, als es verschwand.

Nach langer Zeit ist in meinem Kopf endlich wieder Ruhe.

Alle Geräusche nur noch im Außen.

Keine mehr in mir.

Langsam sinkt die Sonne in die Nacht. Von meinem Zelt aus sehe ich sie nicht, doch ich weiß, dass sie jetzt wie ein glühender Ballon über der Isar steht, denn sogar im Wald wird das Licht weich und rosa.

Lautlos, auf samtenen Pfoten, kehrt die Katze zurück.

»Na, Schwarze?«

Sie maunzt und streicht mir um die Beine. Ich nehme eine Scheibe Kochschinken, teile sie in zwei Hälften. Sie frisst mir aus der Hand. Ich nehme noch eine Scheibe – sie schnappt danach, hält sie mit beiden Pfoten, bleckt die Eckzähne, reißt den Schinken, als wäre er noch ein wildes Tier, und verschlingt ihn gierig. Schließlich leckt sie mit ihrer rauen Zunge über meine Finger.

Ich hebe die Hände. »Das war's, Schwarze.«

Ein stummer Blick aus gelben Augen.

»Ein paar Mäuse gibt's noch.«

Keine Regung.

Ich streichle ihren Kopf, kraule sie hinter den spitzen Ohren. Dann öffne ich die Plastiktüte – die abgepackten Lebensmittel hänge ich in einer Plastiktüte in den Bach, um sie zu kühlen – und nehme meine letzte Flasche Weißbier heraus und eine Familienpackung Parmaschinken, *Original Prosciutto di Parma – Topqualität*! Eine hauchzarte Scheibe für die Schwarze, eine für mich …

Brotzeit mit Katze …

Als wir aufgegessen haben, werfe ich die Packung auf den Zeitungsstapel, spüle eine leere Flasche aus, löffele Filterkaffee hinein, den ich im Container gefunden habe, gieße Quellwasser dazu, schüttele; wenn ich den Kaffee über Nacht stehen lasse, setzt sich das Pulver ab und in der Frühe schmeckt das Gebräu recht gut, auch kalt. Anschließend drehe ich eine Zigarette und gehe zur Lichtung. Die Katze folgt mir. Der Waldboden federt unter unseren Schritten wie ein Teppich mit dichtem Flor – ich erschrecke jedes Mal, wenn ich nachts durch den Wald zur Straße laufe und nach der weichen Geräuschlosigkeit das harte Knallen meiner Sohlen auf dem Asphalt höre, die Härte der Außenwelt spüre, einer Welt, in der nichts nachgibt.

Ich wische ein paar Bucheckern vom Kissen und setze mich auf den Stuhl. Die Katze beginnt, sich zu putzen. Es riecht noch immer nach Sonnenlicht, nach Erde und Zuhause und die Vögel tuscheln und trillern, zetern, fiepen und krähen – in den Stunden des Sonnenuntergangs sind sie oft ein wilder, chaotischer Chor. Eine einzelne Amsel hüpft vor dem Zelt auf und ab. Vor meinen Stiefeln bleibt sie stehen, betrachtet sie, zupft an einem Schnürsenkel – denkt sie, er sei ein Wurm?

Ich trinke einen Schluck Bier, lehne mich zurück und streiche mit den Fingern über meine Zigarette. Spüre das Papier, spüre es trocken und glatt an meinen Lippen, zupfe einen Tabakkrümel ab, lasse das Streichholz über die raue Reibefläche kratzen, sehe die blaue Flamme aufleuchten. Ich inhaliere und spüre, wie der Rauch in meine Lungen dringt, wie er kratzt und schließlich sticht und beißt. Ich sehe zu, wie das Licht um mich herum immer dichter wird. Die Luft ist matt und schwer, es geht nicht der leiseste Windhauch – wird es noch Regen geben? Ich sehe auf. Durch das Baumkronendach blitzen Flecken milchweißen Himmels. Es hat seit Wochen nicht geregnet, die Tage sind drückend, nachts kühlt es kaum ab, ich schlafe draußen, im Geraune der Äste, dem Wispern der Blätter, und irgendwann in der Mitte der Nacht spüre ich fast immer die Wärme der Katze, ihr Gewicht auf meinem Bauch, ihr Fell unter meinen Fingern, wenn ich im Halbschlaf nach ihr taste. Am Morgen ist sie dann fort. Doch sie kommt wieder, ich weiß es.

Ich spucke einen Tabakkrümel aus und lausche in die Stille, lasse meinen Blick über das Zelt wandern, die alte Buche, die krüppeligen Kiefern, die dichten Büsche – dieser wunderbare Platz ist mein größtes Glück. Er liegt so geschützt, so verborgen, bis heute habe ich keinen einzigen Menschen gesehen, keinen streunenden Hund, keinen querfeldein fahrenden Mountainbiker. Obwohl es nicht weit ist bis zu ihren Wegen, kommt nie ein Spaziergänger, höre ich nie fremde Stimmen.

Eines Nachts lief ich die Straße, in der ich gelebt hatte, hinunter in den Wald, ließ mein altes Leben hinter mir – und fand ein vollkommen neues.

Fand einen Ort, an dem ich sicher bin.

Ein Leben, in dem ich sicher bin.

So einfach …

Als würde sie meine Gedanken ahnen, springt die Katze auf meinen Schoß. Sie schnurrt, stemmt ihre Vorderpfoten gegen meine Brust, richtet sich auf, schnuppert an meinem Hals. Ich halte still. Ihre Schnurrhaare leuchten im Sonnenlicht. Und kitzeln.

Ich maunze. Sie schaut mich an.

Dann rollt sie sich auf meinem Schoß zu einem warmen, schwarzen Fellpäckchen zusammen.

Sie fühlt sich so wohl mit mir wie ich mit ihr.

Ich stelle die leere Bierflasche auf den Boden und lehne mich zurück. Das Licht wird allmählich grauer … Die Stimmen der Vögel werden leiser …

mein Atem geht ruhig …

ich treibe ein wenig vor mich hin …

und schlafe ein …

Ich erwache, als Regen auf mein Gesicht fällt. Die Katze ist fort und ich richte mich auf. In der Ferne grollt Donner und hoch über mir rauscht Wind durch die Baumkronen. Es ist noch nicht vollständig dunkel – ich kann kaum länger als ein, zwei Stunden geschlafen haben. Ich stehe auf, gehe zum Zelt, prüfe die Reißverschlüsse, bringe mein Tabakpäckchen in Sicherheit; bislang hat das Zelt jedem Regen standgehalten.

Dann gehe ich hinunter zur Isar.

Über den Auen türmen sich graue Wolken. Der Wind zerrt an den Gräsern am Ufer, auf den Schotterinseln biegen sich die Büsche, schäumende Wellenkämme tanzen übers Wasser.

Ein greller Blitz zerreißt den Himmel.

Kurz darauf ein Donnerschlag, laut und drohend.

Gottes Zorn.

Ich lege mich flach auf den Boden, wie ich es als Kind vom Vater gelernt habe. Der Regen fällt in dicken Tropfen und es ist schön, sie auf meiner Haut zu spüren. Die Luft ist jetzt klar und ich atmete tief ein und aus, sauge die Frische ein.

Für einen Moment lässt der Wind nach, ein Atemholen lang.

Dann bläst eine mächtige Bö – und im nächsten Moment stürzt ein Wolkenbruch herab. Der Regen prasselt auf meine Brust, schlägt mir ins Gesicht, im Nu bin ich nass bis auf die Haut, doch auch das fühlt sich gut an, es tut gut, die Kraft der Natur zu spüren, und wie früher als Bub schließe ich die Augen und öffne den Mund, lasse den Regen über meine Lider rinnen, meine Lippen, spüre seine Kühle in meiner Mundhöhle, schmecke die Reinheit, die unbändige Kraft …

Noch ein Donnergrollen …

Ein weiterer Blitz …

Gottes Zorn ist meine Freude.

10

Unser bester Mann war weg. Und mit ihm verloren wir Kunden, die nun in Ingolstadt produzieren ließen.

Christian hatte seine Chance ergriffen und ich konnte es ihm nicht verübeln; auch Mike und ich hatten eines Tages, für ihn überraschend, bei Dr. Lorenz gekündigt, eine Halle gemietet, Maschinen aufgestellt und einige seiner Kunden mitgenommen. Das war vielleicht nicht die feine Art, aber auch nicht unüblich. Das eigentliche Problem war, dass ich neben meiner täglichen Arbeit Christian ersetzen, den Verlust kompensieren und mich mit Mike auseinandersetzen musste, der nach wie vor viel unterwegs war, aber immer weniger akquirierte.

»Wir brauchen neue Kunden.«

»Ich kümmere mich darum.«

»Wir brauchen neue Aufträge.«

»Ich kümmere mich darum.«

»Wir müssen mehr Umsatz machen.«

»Ich kümmere mich darum.«

Dann ging er.

Und kam irgendwann zurück, mit neuen Aufträgen oder ohne.

Seit mehr als einem Jahr ging das schon so. Der Umsatzrückgang war inzwischen spürbar, wenn auch nicht bedrohlich. Kurzfristig mussten wir keinen Liquiditätsengpass befürchten, mittelfristig war es jedoch nicht auszuschließen. Oliver, Norbert, Lutz und Kai begannen, Überstunden abzubummeln, während ich morgens früher kam und abends später ging und über interne Abläufe nachdachte, ihre Effektivität prüfte, versuchte, die Kosten zu senken und die Produktionseffizienz zu erhöhen.

Doch der Umsatz sank weiter.

Von über einer Million D-Mark auf unter 500 000 Euro.

Auf 450 000 Euro.

Auf 400 000 Euro.

Auch das war noch nicht bedrohlich. Wir bedienten unsere Darlehen, hatten Rücklagen; auch privat machte ich mir keine Sorgen.

Mitte der Nullerjahre drängten sehr viele neue Unternehmen auf den Markt. Meininger, nach wie vor unser wichtigster Kunde, stöhnte, weil überall die Preise nachgaben, die Gewinnmargen sanken. Auch ich kalkulierte immer wieder Angebote neu, beugte mich Stück für Stück dem Druck und lehnte nur ab, wenn sich ein Auftrag gar nicht mehr rechnete. Trotzdem hatten wir noch keinen Leerlauf. Wir mussten niemanden entlassen, keine Stellen streichen. Darüber war ich froh. Natürlich wollte ich als Unternehmer Profit machen, doch ich hatte mich immer geweigert, Angestellte auf ihre Arbeitskraft zu reduzieren. Effizienz konnte nicht das einzige Kriterium zur Beurteilung einer Leistung sein und der Shareholder-Value sollte nie zum Maß aller Dinge werden. Menschen waren wichtiger als Aktienkurse und auf keinen Fall wollte ich selbst zu jemandem werden, der nur noch auf die Zahlen sah und die Menschen aus dem Blick verlor.

Doch unser Umsatz sank weiter.

Auch Mike bemerkte es.

Aber er sprach nicht darüber.

Wir beide sprachen nicht darüber. Er kam und ging und ich blieb und merkte, wie sich allmählich neben der Erleichterung, dass wir, wenn wir nicht miteinander redeten, auch nicht miteinander streiten konnten, eine gewisse Bitterkeit in mir festsetzte. Warum kümmerte Mike sich nicht um die Firma? Warum zog er sich zurück, während ich zwanzig Stunden am Tag arbeitete? Warum war ihm alles egal, während ich tat, was ich konnte, um Lösungen zu finden?

Was war aus unseren gemeinsamen Plänen geworden?

Was aus unseren Visionen?

Gewissheiten gerieten ins Wanken. Plötzlich schien es nicht mehr sicher, dass wir uns mit sechzig zur Ruhe setzen und die Früchte unserer Arbeit ernten würden. Eine dunkle Welle der Enttäuschung durchflutete mich: Was, wenn alles, woran ich geglaubt, wofür ich hart gearbeitet und auf vieles verzichtet hatte, gar nichts wert war?

Wie besessen stürzte ich mich noch tiefer in die Arbeit, saß abends im Büro, nachts, am Wochenende.

Der Umsatz stagnierte.

Ich atmete auf. Also, es ging doch! Ich musste mich nur mit aller Kraft gegen den Abstieg stemmen, dann würde ich uns wieder aus der Flaute herausführen. Bis ich es geschafft hatte, musste ich durchhalten, koste es, was es wolle. Egal, wie lange. Es ging nicht anders. Doch es würde sich lohnen.

Ja, ganz bestimmt, es würde sich lohnen.

Der Tannenbaum war geschmückt, wie jedes Jahr. Die Kerzen waren heruntergebrannt, es roch nach Wachs und Harz. Auf dem Tisch stand eine Schale mit ein paar übrig gebliebenen Lebkuchen.

Die Mutter sprach, doch ich hörte sie nicht. Ich sah nur, wie ihr Mund sich bewegte, ihre Lippen Buchstaben formten, unhörbare Wörter, die nicht in meine Ohren drangen, sondern im luftleeren Raum zwischen ihr und mir zu Boden fielen und zerschellten. Mein Kopf schmerzte und ich war müde … unendlich müde …

Irgendwann hielt der Mund inne.

Die Stirn legte sich in Falten.

Ein fragender Blick. Ein vorwurfsvoller Blick.

Eine Anklage.

Dann setzte der Mund sich wieder in Bewegung, und wie von fern drangen nun doch Laute zu mir durch, bahnten sich ihren Weg durch den dichten Nebel. Hörst – du – mir – überhaupt – zu?

Was für eine Frage?

Und doch: Was sollte ich antworten?

Was hatte sie gesagt, die Mutter, was mich gefragt?

Oh, ich war so unendlich müde …

»Du – hörst – überhaupt – nicht – zu.«

Doch …

Doch … Ich holte Luft. Nahm all meinen Willen zusammen, ließ meinen Mund ein D formen, ein O …

»Doch«, sagte ich.

»Seit einer Stunde sitzt du reglos da und sagst kein Wort.« Sie trat näher, stand jetzt wenige Schritte von mir entfernt, die Hände ineinandergeschlungen, die Wangen gerötet. »Das ist nicht normal.«

Normal?

Was war nicht normal?

Und … ein absurdes Lachen schallte durch meinen Kopf: Was zum Teufel war auf dieser Welt schon normal?

»Geh schlafen, Wolfgang. Ich hab gehört, wie du dich im Bett hin- und hergewälzt hast.«

Ja, die Wände waren dünn in diesem Haus.

Die Ohren waren groß im Dorf.

»Geh schlafen.«

Ich nickte.

Die Mutter beugte sich vor. Ihr Gesicht war so dicht vor meinem, dass ich ihren sauberen Seifengeruch roch … ihre klaren, wasserblauen Augen, die braunen Dauerwellenlöckchen … Wann war sie mir das letzte Mal so nahe gekommen?

»Hörst du, Bub? Geh schlafen!«

Ich nickte.

Sie richtete sich auf, stemmte die Hände in die Hüften. Sie war nicht dick, aber kräftig, eine Frau, die zupackte, immer zugepackt hatte. Und doch wirkte sie plötzlich hilflos. »Schon lange sehe ich, wie du blasser wirst und dünner, aber so …« Sie schluckte und schüttelte den Kopf. »So hast du noch nie ausgeschaut.«

Ich rutschte tiefer in den Sessel.

Ich wünschte, sie würde leiser sprechen.

Und nicht so schnell.

Und nicht so viel.

»Die viele Arbeit macht dich krank. So geht das nicht weiter.«

Etwas in mir bäumte sich auf. Und wieder formte mein Mund mühsam Wörter. »Die Arbeit … hält mich am Leben …«

»Nicht mehr lange.« Abrupt setzte die Mutter sich auf einen

Stuhl. Und fuhr im nächsten Augenblick wieder hoch. »Warum tust du das?«

Nein.

»Warum tust du nichts außer arbeiten?«

Nein, bitte nicht …

»Warum dreht sich dein ganzes Leben um die Firma?«

Nicht schon wieder …

»Warum kommst du nicht öfter heim?«

Wie Steine prasselten die Vorwürfe herab …

»Warum besuchst uns nicht öfter?«

Da ist er wieder, dieser bittere Geschmack in meinem Mund …

»Warum besuchst uns nicht öfter, du weißt, dass ich dir immer, wenn du kommst, dein Lieblingsessen koche.«

Der Geschmack der Schuld.

»So kann man seine Familie nicht vernachlässigen.«

Er breitete sich aus, vergiftete meinen Mund.

Vergiftete alles.

Noch eine Pflicht. Noch eine Belastung. Als wäre alles noch nicht genug. Ich war so müde …

Wieder nahm ich meinen ganzen Willen zusammen. »Die Arbeit hält mich am Leben … und ich muss die Firma am Leben halten …«

Wieder stemmte die Mutter die Hände in die Hüften.

Mühsam presste ich jedes Wort hinaus in die Welt: »Ohne mich geht's nicht … einer muss sich kümmern …«

Sie schüttelte heftig den Kopf.

Mir wurde schwindelig.

Die Müdigkeit umklammerte mich mit ihren Tentakeln …

»So … ist's nun mal …«

»So geht's nicht weiter!«

Zum Teufel, warum musste sie immer alles kritisieren? Ich tat, was ich konnte, und sie kritisierte, mäkelte, machte mir Vorwürfe.

»So geht's nicht weiter, Wolfgang.«

Was wusste sie schon?

Was wusste sie davon, wie es war, eine Firma zu führen?

»Ich schaffe das …« Ich stemmte die Hände auf die Lehnen, wollte mich aufrichten.

Sie sank auf ihren Stuhl. Irgendwie schien sie dabei auch in sich zusammenzusinken. »Ich meine es doch nur gut«, sagte sie, leise jetzt. »Du bist einfach nicht mehr wie früher.«

Wieder brandete Schuld hoch.

Nicht mehr wie früher … Das sagte Oliver auch. Und Lutz. Und Marita. Ja, es fiel mir immer schwerer, die gewohnte Leistung zu bringen. Obwohl ich immer einer gewesen war, der zupackte, fleißig war. Einer, auf den man sich verlassen konnte.

Konnte man sich noch auf mich verlassen?

Ich schnappte nach Luft.

Schluckte.

Und dann, mit der letzten Kraft, die ich aufbringen konnte, watete ich durch den Sumpf aus Vorwürfen und Schuld und sagte: »Du verstehst das nicht.«

Die Mutter biss sich auf die Lippe.

»Ich habe keine Wahl.«

Ihre Hände lagen wie leblos in ihrem Schoß. Und plötzlich tat sie mir leid.

»Das wird schon wieder«, sagte ich.

»Das …« Sie schluckte. »Das hast du schon so oft gesagt.«

So oft?

Wie lange versuchte ich schon, den Umsatzrückgang aufzuhalten? Uns aus der Flaute herauszuführen, wenn es mir auch nur manchmal und für kurze Zeit gelang?

»Aber noch nie hast du so elend ausgeschaut.«

»Jetzt …« Ich straffte die Schultern. »Jetzt hör aber auf.«

»Aufhören?«

»Ja.«

»Nein, wenn hier einer aufhören sollte, dann du.«

Wieder ein absurdes Lachen …

Hatte ich gelacht?

Oder hatte ich es nur in meinem Kopf gehört?

Wenn bloß diese Müdigkeit nicht wäre …

»Ich bin … nur ein bisschen müde«, sagte ich.

Jetzt lachte sie – ein spitzes Lachen, laut und irgendwie wund.

Himmel, was sollte ich denn noch tun?

Noch einmal riss ich mich zusammen. »Mutter, hör auf, dir Sorgen zu machen … Es ist alles in Ordnung, ich bin nur ein bisschen müde … das wird sich bald wieder ändern.« Ich spürte, wie die Worte aus meinem Mund rutschten, sah, wie sie durch die Luft glitten. Ich hörte sie, auch das. Und doch klangen sie fremd. Wenn Mike sich kümmern würde, schoss es mir durch den Kopf, wäre alles kein Problem. Ich arbeite ständig für ihn mit … und trotzdem bin ich derjenige, der versagt …

Die Mutter verzog das Gesicht.

Nein.

Sie zog ein Taschentuch aus ihrer Schürzentasche.

Nein, nicht auch noch weinen …

Das Pfeifen in meinen Ohren wurde lauter.

Sie schnäuzte sich.

Das Pfeifen in meinen Ohren wurde schriller.

Dann knüllte sie das Taschentuch zusammen, stopfte es in die Schürzentasche, zog die Nase hoch und sah mich an, entschlossen, beinahe trotzig. »So geht's nicht weiter«, sagte sie und stand auf.

Nein, so ging's nicht weiter. Ich musste mich mehr anstrengen. Der Schwindel wurde stärker, als ich mich ebenfalls erhob – ich taumelte, beugte mich vor, hielt mich am Tisch fest. Atmete ein, atmete aus. Wartete. Sah hoch – sah wieder, wie sich der Mund der Mutter bewegte, ohne dass ich etwas hörte.

»Lass ... dass ...« Ich stieß die Wörter über meine Lippen, eines nach dem anderen. »Lass ... das ... meine ... Sorge ... sein.«

Am Ende war es mein Fehler.

Ja, es war mein Fehler gewesen, ich hätte besser aufpassen müssen. Es hatte eindeutig im Auftrag gestanden: alle Ecken mit R3 abrunden. Üblicherweise kamen die Daten per DXF-Datei, doch in diesem Fall hatte ein Kurier die Zeichnungen gebracht, am späten Freitagnachmittag, ein neuer Kunde, es eilte, und da Lutz, Norbert und Oliver schon gegangen waren, kochte ich einen Espresso, setzte mich an den Computer und programmierte die Daten von Hand. Seit fünfzehn Stunden war ich auf den Beinen, mein Kopf schmerzte und an der Müdigkeit änderte auch der Kaffee nichts, und irgendwann, an einer entscheidenden Stelle, rutschte ich in der Zeile und vergaß, den Befehl zur Abrundung mit Radius drei Millimeter zu programmieren. Ein Missgeschick. Ich bemerkte es, als auf dem Display die Meldung *Auftrag erledigt* erschien.

Eine kompakte Stille umgab mich. Nichts regte sich, kein Laut war zu hören.

Ich riss mich zusammen, rauchte eine Zigarette und noch eine. Dann warf ich die zweihundertfünfzig Edelstahlplatinen in den Schrott und ging ins Lager. Doch ich fand keine 0,5-Millimeter-Edelstahltafel.

Wieder wurde es still, diesmal war es, als bliebe die Welt stehen. Nur der Boden unter meinen Füßen schwankte. Vor Montagmorgen würde ich keinen Großhändler erreichen und die Firmen in der Nachbarschaft, bei denen ich vielleicht unter Kollegen hätte nachfragen können, hatten längst Feierabend …

Ich lehnte mich an die Wand.

Rutschte langsam, Stück für Stück, mit dem Rücken den Putz hinunter.

Ging in die Knie.

Es war kurz vor 22 Uhr, als ich den Kunden anrief und sagte, dass wir seinen Auftrag leider doch nicht ausführen konnten.

Zweitausend Euro verloren. Und ein Kunde, den wir nie wiedersehen würden. Vielleicht würde sich die Nachricht sogar herumsprechen. Vielleicht würde man uns bald gar nicht mehr anfragen, vielleicht würde man uns nicht einmal mehr simpelste Aufträge zutrauen, vielleicht …

Das wäre das Ende.

Nein, das war das Ende.

Was konnte ich noch tun?

Wie gelähmt hockte ich auf dem Boden vor dem Regal, während die Angst meinen Magen mit eisernem Griff umklammerte, meine Brust zusammenschnürte, meinen Hals. Ich hatte alles falsch gemacht. Von Anfang an hatte ich alles falsch gemacht …

Und nun war es zu spät …

Nach einer endlosen Weile löst sich der eiserne Griff. Erschöpft streckte ich die Beine aus. Mein Körper war wie taub, meine Seele, mein Geist … Keine Impulse, keine Signale … nur dumpfe Ruhe …

Und irgendwann, wie ein mächtiger warmer Strom, breitete sich Gleichgültigkeit in mir aus.

Ich fiel in eine tiefe, beruhigende Lethargie.

11

Ich hatte einen Fehler gemacht, doch alle Anklage, alle Schuld versank im warmen, steten Strom der Gleichgültigkeit. Apathisch glitt ich durch Raum und Zeit, bald gab es keinen Unterschied mehr zwischen Tagen und Nächten, sie verschwammen ineinander und ich in ihnen. Ich wachte auf … starrte aus dem Fenster … schlief ein … wachte auf … starrte an die Decke … schlief ein … wachte auf … sah, wie Sam ihren Kopf auf meinen Arm legte … schlief ein …

Irgendwann winselte Sam, bellte, zerrte an meiner Decke. Mein Körper erhob sich, meine Hände öffneten eine Dose … ich sah, wie der Hund sich auf das Futter stürzte, es verschlang … sank auf den Stuhl am Fenster …

draußen lag Schnee
Autos fuhren vorüber
Menschen gingen vorüber
Wolken zogen vorüber –

all das sah ich und sah es doch nicht. Als ich wieder aufstand, war der Himmel schwarz. Das Pfeifen in meinen Ohren schwoll zu Sirenengeheul. Ich ging ins Bett.

Irgendwann – nach Stunden? Tagen? Wochen? – merkte ich, dass es nicht nur in meinem Kopf heulte und schrillte. Jemand klingelte an der Tür. Mühsam erhob sich mein Körper, machten meine Beine sich auf den weiten Weg den Flur entlang …

»Wolfgang!«

Ich fuhr zurück.

»Himmel, Wolfgang, wie schaust du denn aus?« Hände, die vor den Mund geschlagen wurden.

Ich lehnte mich an die Wand, schob mir die Finger in die Ohren, verstand nicht …

»Himmel, Wolfgang, du siehst aus wie ein Gespenst«, rief Marita. »Bist du krank? Kommst du deswegen nicht in die Firma?«

Sie sprach so laut.

So schnell.

So viel.

Mir wurde schwindelig. Ich hielt mich an der Tür fest. Hielt mich fest und sah, wie unsere Sekretärin redete und redete, sah wieder einen Mund sich bewegen und hörte nichts –

Ins Bett.

Ich will ins Bett, brüllte stumm eine Stimme in mir.

Ruhe!

Frieden!

Stille!

Bitte …

»Nun sag doch, was ist los?« Marita streckte die Hand aus.

Geh …

Geh und lass mich allein. Lass mich ins Bett gehen, die Decken über mich ziehen. Ein wunder Laut entfuhr meiner Kehle. Marita wich zurück.

»Aber …«, sagte sie. »Aber Mike …«

Mike?

Eine ferne Erinnerung tauchte auf …

»Also Mike …«, sie rang mit den Händen, »und wir …«

Die Erinnerung löste sich wieder auf …

»Also ich meine … wann kommst du denn wieder zur Arbeit?«

Ich holte Luft.

Nahm alle Kraft zusammen.

»Bald«, sagte ich.

Schloss die Tür.

Glitt zurück in die innige Umarmung der Lethargie.

Schlief ein.

Wachte auf.

Starrte vor mich hin.

Dachte an die Mutter, den Vater – Weihnachten hatte ich sie besucht und jeden Tag, den ich fort war von zu Haus, und jeden Tag, den ich wieder hier war, zu Haus, wuchs mein Widerwille, wuchs eine unbändige Aversion, noch ein Mal, ein einziges Mal in die Firma zu gehen, das Büro zu betreten, die Halle.

Nie wieder!, schrie ein Chor in mir, *nie wieder!*

Und ich, ich sagte nichts, hörte nur zu und spürte, wie die Rufe in mir widerhallten, wie sie meinen Ekel an sich banden und ihn forttrugen. Blieb zurück, erleichtert. Morgen, dachte ich, morgen gehe ich wieder hin.

Oder übermorgen.

Eines Tages.

Nur nicht jetzt.

Schlief ein. Wachte auf. Starrte vor mich hin. Spürte nichts, dachte nichts, konnte mich nicht einmal darüber wundern. Die Zeit floss dahin wie Wasser und ich floss einfach mit, mit der Zeit.

Trieb dahin.

Trieb ab.

12

Tomaten. Weintrauben. Erdbeeren.

Erdbeeren im November?

Sie sind matschig, die Packung ist zerdrückt und klebt. Ich wische mir die Finger an einem Stück Papier ab. Der Kapitalismus hat die Jahreszeiten abgeschafft, in den Supermärkten ist alles jederzeit zu haben, alles eine Frage des Preises, in diesem Fall 4,99 Euro. Doch niemand wollte die Erdbeeren haben. Ich will sie auch nicht, werfe sie zurück in den Container und grabe weiter; nach essbarem Obst muss man manchmal suchen. Schließlich entdecke ich eine Packung frische Himbeeren. Noch eine. Und noch eine … Ich mag Himbeeren.

Schnell schiebe ich die Beute in meinen Beutel. Die Nacht ist feucht und schwer, der Mond dringt kaum durch den Nebel und über dem Parkplatz liegt bleiches Licht, das alles beinahe unwirklich erscheinen lässt. Selbst die Stille ist schwer und satt, verschluckt jeden Laut. Eine gedämpfte Welt. Es ist mir nur recht. Ich höre und sehe nichts – und niemand hört und sieht mich. Ich bin unsichtbar, im Wald und in der Welt, wenn ich von Supermarkt zu Supermarkt ziehe, meine immer gleiche Runde drehe. Mein Körper hat sich längst an den Rhythmus gewöhnt, jede Nacht gegen zwei, drei Uhr wache ich auf, nur wenn es regnet, drehe ich mich wieder um. So habe ich immer genug zu essen. Seit ich im Wald lebe, musste ich noch nie hungern. Nicht einmal sparsam muss ich sein.

Es ist genug da. Mehr als genug. Immer.

Es ist, als ginge ich einkaufen, nur betrete ich den Laden nicht durch die Vordertür, sondern gehe an die Hintertür. Im Müll bekomme ich Essen, so reichlich und gut, wie ich es mir mit meinem wenigen Geld an der Kasse nicht kaufen könnte. Natürlich liegt darin eine gewisse Ironie – und einmal mehr die Frage, warum wir Überflüssiges wegwerfen, statt es denjenigen zu geben, die es brauchen können.

Ein kehliger Schrei.

Ein Rabenkrächzen, das der Nebel erstickt, kaum dass es ertönt.

Und wieder dumpfe, drückende Stille. Eine Laterne am Rand des Parkplatzes wirft trübe Lichtflecke. Heute Nacht bin ich früher dran als sonst, ein Traum, an den ich mich schon nicht mehr erinnerte, als ich erwachte, ließ mich hochschrecken. Doch auch kurz nach Mitternacht liegt der Ort im Schlaf, sind die Straßen menschenleer. Nur hier und da brennt, anders als sonst, hinter einem einzelnen Fenster ein Licht. *Strangers in the night.*

Erneut leuchte ich mit der Taschenlampe in den Container. Himbeeren, Tomaten, ein paar Bananen. Und Gouda. Jede Menge Gouda, Dutzende Packungen – offenbar hat man eine ganze Charge entsorgt. Ich nehme drei Päckchen. Gibt es vielleicht auch noch etwas Wurst? So üppig das Angebot in der Menge ist, die Auswahl ist beschränkt, und wenn ich Wert darauf legte, mich ausgewogen zu ernähren, hätte ich es nicht so leicht. Doch ich stelle keine Ansprüche, bin zufrieden, wenn ich nicht hungere. Also stecke ich noch zwei Packungen Käse ein. Aber … was ist das? Eine Flasche …

Ein Weißbier!

Ab und zu finde ich eine Flasche Bier. Oder Zigaretten, einmal sogar eine ganze Stange. Auch Kleidung habe ich schon gefunden, im Sommer eine Hose, die ich trug, bis es zu kalt wurde. Ich beuge mich vor, grabe noch etwas tiefer, Zellophan knistert unter meinen Fingern – Brezn! Zwei Päckchen mit frischen Laugenbrezeln, beinahe läuft mir das Wasser im Mund zusammen. Ein Weißbier, Brezn und jede Menge Käse: Das gibt eine komfortable Brotzeit.

Ich richte mich auf.

Und sehe aus dem Augenwinkel ein Licht.

Zwei Lichter.

Ich erstarre.

Sie kommen näher, ein Motor brummt leise und tief. Warum habe ich ihn nicht gehört!? Warum habe ich nichts gesehen? Mit dem Fuß schiebe ich meinen Beutel hinter den Container.

Das Auto bleibt stehen.

Ein Türschloss klickt …

Ein zweites …

Schritte.

Zwei Gestalten tauchen aus dem Nebel. Ich zögere – dann gebe ich mir einen Ruck. Vielleicht bemerken sie mich nicht. Vielleicht kann ich an ihnen vorbeihuschen und im Nebel verschwinden. Mit hochgezogenen Schultern schiebe ich mich am Rand der Rampe entlang, lautlos, ohne zu atmen …

»He!« Die Stimme schneidet durch die Nacht. »He Sie, was machen Sie da?«

Drei Meter mal drei Meter.

Gekachelte Wände.

Eine Pritsche.

Ein Klo, mit einem Sprung in der Schüssel, und auch die Kacheln haben Sprünge, Risse, blinde Flecke, Landschaften eines langsamen Zerfalls. Knapp unter der Decke sind zwei Glasbausteine eingelassen, durch die kaum Licht fällt. Eigentlich müsste es längst dämmern. Eigentlich müsste längst Morgen sein.

»Ihre Papiere«, hatte der Jüngere mich angeherrscht. Der andere Polizist baute sich breitbeinig vor mir auf, auch er war jung, durchtrainiert, entschlossen. Er hatte eine scharf geschnittene Nase, Lippen dünn wie Striche und einen eisernen Blick. Zögernd tastete ich nach dem Reißverschluss meiner Jacke. Der Polizist machte einen Schritt auf mich zu. Mit zitternden Fingern tastete ich nach meiner Börse. Mein Puls hämmerte hinter den Schläfen.

Warum hatte ich sie nicht gehört?

Ich zog den Ausweis aus der Börse, reichte ihn den Polizisten. Der Jüngere betrachtete ihn flüchtig von beiden Seiten.

»Abgelaufen«, sagte er und sah mich an wie einen Verbrecher.

»Abgelaufen?«

»Seit einem Jahr.« Seine Stimme klang rau, als würde jeder Laut in seiner Kehle über Sandpapier gerieben.

Abgelaufen – ich zuckte mit den Schultern. Wann hatte ich den Ausweis das letzte Mal benutzt? Ich konnte mich nicht erinnern …

»Wo wohnen Sie?«

Ich biss mir auf die Lippe. Angestrengt überlegte ich, was ich sagen sollte, Schweiß rann mir den Rücken hinab. Schließlich nannte ich meine alte Adresse. Der Polizist wandte sich um, stapfte die Rampe hinauf und verschwand im Nebel.

»Los«, sagte sein Kollege und packte mich am Arm. Mechanisch setzte ich einen Fuß vor den anderen. Mein Puls hämmerte so heftig, dass mein Kopf zu zerspringen drohte, ich blieb stehen, wollte mich umsehen, taumelte. Der Griff an meinem Arm wurde fester. »Geh schon.«

Ich stolperte die Rampe hinauf und sah, wie sich die Konturen eines Streifenwagens aus dem Dunst schälten. Der andere Polizist saß am Steuer, die Tür stand offen, er redete und eine knisternde Stimme antwortete. Er überprüfte meine Personalien.

Was würde geschehen?

War ich verhaftet?

Würde man mich ins Gefängnis bringen?

Ins Gefängnis –

Ich spürte, wie sich die Muskeln in meinem Nacken, in meinen Schultern und Beinen verhärteten.

Nicht ins Gefängnis.

Bitte nicht ins Gefängnis.

Der Polizist stieg aus und kam mit festen Schritten auf uns zu. Einen knappen halben Meter vor mir blieb er stehen, breitbeinig. Sein Kollege stand dicht hinter mir. Ich spürte die Spannung, die von beiden ausging, dieses nervöse Vibrieren. Oder war es meine eigene Angst?

»Die Adresse stimmt nicht«, sagte er, betont ruhig; doch auch seine Stimme vibrierte. »Sie sind unter der Adresse nicht gemeldet, Sie haben gelogen.«

Gelogen?

Aber ich hatte mich nie abgemeldet …

Er nickte seinem Kollegen zu, der noch immer meinen Arm festhielt. »Also, wo wohnen Sie?«

Ich schluckte und suchte fieberhaft nach einer Antwort, mein Kopf war ein einziges Hämmern, jeder Gedanke zerbröselte, löste sich auf, bevor er überhaupt eine Form annehmen konnte. Der andere Polizist ließ meinen Arm los. Er trat einen Schritt vor, baute sich neben mir auf, musterte mich mit seinem eisernen Blick. »Selbst Kinder wissen, dass man nicht lügen soll.«

Der Jüngere stemmte die Arme in die Hüften, dabei rutschte seine Jacke zur Seite und gab den Blick auf seine Pistole frei. »Also? Wo wohnen Sie?«

Das Hämmern in meinem Kopf wurde übermächtig, mein Schädel drohte zu bersten.

»Im Wald«, sagte ich.

»Im Wald?«

Ich nickte.

»Sie sind also obdachlos?«

Ich nickte.

»Warum sagen Sie das nicht gleich?«, fragte der Jüngere.

»Wo?«, fragte der andere.

Vage deutete ich in eine Richtung.

»Einsteigen«, sagten beide.

Nein!

Blanke Angst durchflutete mich. Nicht ins Gefängnis, nicht einsperren …

Ich rannte los.

Nach wenigen Metern holten die Polizisten mich ein, packten mich, ich stolperte, wir stürzten, ein fremder Körper landete auf meinem, meine Arme wurden jäh nach hinten gerissen, ein gleißendes Reißen, meine Hüfte schmerzte, Knie pressten sich in meine Rippen. Später auf der Wache fiel das

Wort *Fluchtversuch*. Und *Körperverletzung*, denn der jüngere Polizist hatte sich eine Schramme zugezogen.

Ich richte mich auf – wieder scheint mein Kopf zu explodieren. Ich warte, bis der Schmerz nachlässt, dann erhebe ich mich von der Pritsche. Mache vorsichtig einen Schritt, noch einen. Bis zur Wand. Ich lehne die Stirn gegen die Kacheln, Kühle dringt durch meine Haut. Doch das Hämmern verschwindet nicht.

Diese Enge in meiner Brust …

Das Atmen fällt mir schwer, es ist, als würde der nächste Atemzug meine Brust sprengen … meinen Kopf … mich …

Auf der Wache schrieb der eine Polizist eine Notiz, und während er mit zwei Fingern über seiner Tastatur kreiste, ließ der andere mich nicht aus den Augen. Als wäre ich noch immer eine Gefahr. Als wäre ich je eine Gefahr gewesen. Später ließen sie mich pusten; doch ich hatte keinen Alkohol getrunken, seit Tagen nicht. Dann brachten sie mich in den Keller, führten mich durch einen Vorraum, von dem zwei Zellen abgingen, schlossen die Gittertür hinter mir, zwei Mal drehte sich der Schlüssel im Schloss, dann hörte ich eine Tür schlagen und Schritte, die wieder die Treppe hinaufstapften.

Dann war es still.

Totenstill.

Ich war allein.

Vollkommen allein.

Irgendwann klappte eine Luke in der Kellertür auf, ein fremder Blick kreuzte meinen, die Klappe fiel wieder zu. Ich hing nicht an der Zellendecke. Alles in Ordnung.

Und wieder Stille.

Grabesstille.

Nur das Hämmern in meinem Kopf, das Rauschen in den Ohren, das Pochen hinter den Schläfen.

Ich gehe zwei Schritte – bis zur Wand.

Drehe um. Zwei Schritte. Wand.

Bei jedem Schritt schmerzt meine Hüfte; beim Sturz bin ich auf einer Bordsteinkante aufgeschlagen. Ich lege mich wieder auf die Pritsche. Versuche zu atmen, langsam, damit meine Brust nicht zerspringt. Ziehe mir die Decke über den Kopf. Schließe die Augen. Und sehe Bilder – vom Wald, der Isar, den weiten Auen. Goldenes Nachmittagslicht, das durch Baumkronen fällt … die Sonne, die blutrot über dem Fluss versinkt … ich höre Vögel, die tuscheln und trillern, zetern, fiepen und krähen, ein wilder, chaotischer Chor in den Stunden des Sonnenuntergangs … ich rieche die Wärme eines Sommertages, den Geruch von Erde und Zuhause … ich sehe die Katze, die vor dem Zelt sitzt und wartet …

Der Schmerz zerreißt mich beinahe …

der Kontrast könnte nicht größer sein …

Irgendwann wird die Klappe wieder geöffnet – und zugeschlagen.

Stille.

Laut brüllt die Angst durch die Stille. Was wird geschehen? Wann komme ich raus? Komme ich überhaupt raus? Und wenn ja – was dann?

Dieses Tosen in meinem Kopf!

Und wieder die Klappe.

Auf.

Zu.

Ich wünschte, ich hätte einen Strick.

Irgendwann, es musste längst Morgen sein, kommt ein Polizist. Einer, den ich in der Nacht nicht gesehen habe, mit grauen Haaren und mächtigem Schnauzer. Er schließt die Gittertür auf. »Grüß Gott.«

Ich richte mich auf. Meine Glieder sind steif von der Angst, der schlaflosen Nacht.

»Wenn'S amoi mitkomm'n täten.«

Ich schiebe die Decke beiseite, und als ich aufstehe, schwindelt es mich – ich strecke die Hand aus.

»Alles in Ordnung?«

Ich nicke, schlucke den Schmerz und folge dem Mann. Im Vorraum vor den Zellen hängt ein Waschbecken, auch das habe ich in der Nacht nicht gesehen. Daneben befindet sich eine schmale Tür, vor der der Polizist stehen bleibt. Er reicht mir ein Handtuch und Wäsche. »Jetzt duschen'S erst amoi. Und zwar gscheit!« Es klingt streng, und doch höre ich eine Spur Nachsicht in seiner Stimme. Die Härte seiner Kollegen von der Nachtschicht scheint ihm fremd.

Wie lange habe ich nicht mehr geduscht?

Heißes Wasser rinnt meinen Rücken hinab, ich seife mich ein, wasche die Haare, spüle den Schaum ab, seife mich wieder ein. Ich genieße jeden Tropfen, jede Sekunde und für einen Moment lässt sogar das Hämmern in meinem Kopf nach.

Mit nassen Haaren und in einem ausgemusterten Trainingsanzug folge ich Polizist Nummer drei hinauf ins Erdgeschoss. Er führt mich durch einen Warteraum und ein Büro voller Polizeibeamter hindurch, die alle aufsehen, als wir eintreten. Der Raum, in den er mich bringt, ist klein, doch riesig im Vergleich zur Zelle. Ein Tisch, zwei Stühle, zwei Fenster, Fenster ohne Gitterstäbe, und hinter den Milchglasscheiben höre ich die Freiheit. Ich spüre, wie meine Brust sich ein wenig weitet.

»Warten'S da. Es kommt gleich wer.«

»Ja.« Ich nicke und meine Stimme klingt fast wie die eines Kindes. Ich bin so froh, aus der Zelle heraus zu sein, dass ich dankbar bin, dankbar und artig.

Es dreht sich kein Schlüssel im Schloss, als Polizist Nummer drei die Tür hinter sich schließt.

Als sie wenig später wieder geöffnet wird, tritt ein weiterer Beamter ein, den ich noch nicht gesehen habe. »Grüß Gott«, sagt er, zieht einen Stuhl heran und deutet auf den anderen. »Setzen Sie sich doch.« Er fährt einen Computer hoch, schiebt die Maus übers Mousepad, tippt. Auf dem Bildschirm erscheint eine Maske. Er tippt weiter, schüttelt ein paar Mal den Kopf und schließlich wendet er sich mir zu. »Wollen Sie einen Kaffee?«

Ich räuspere mich. »Gern«, antworte ich. Meine Stimme klingt wieder erwachsen.

Der Polizist steht auf und geht zur Tür. Kurz darauf kommt sein Kollege mit dem Schnauzer und bringt zwei Becher Kaffee. Und zwei Schokoriegel. »Bittschön.«

Ich ziehe die Hände aus den Ärmeln; der Beamte hat mir auch einen alten Pullover gegeben, man sieht noch, wo einmal das Polizeiabzeichen saß. »Danke«, sage ich. Der Kaffee dampft und schon der erste Schluck schmeckt köstlich. So vertraut. So fremd. So lange her.

»Jetzt erzählen Sie mal, was Sie bei den Containern wollten.« Polizist Nummer vier lehnt sich zurück. Auch er ist höchstens Mitte dreißig, durchtrainiert, mit kräftigen Schultern und muskulösen Unterarmen. Er sieht mich an und sein Blick ist aufmerksam, forschend, aber nicht unfreundlich.

Zögernd erzähle ich, dass ich im Wald lebe.

»Wo?«

Ich beschreibe, wo mein Platz liegt. Nicht ganz präzise. Nur so ungefähr.

»Warum haben Sie keinen festen Wohnsitz?«

Ich zucke mit den Schultern.

Was soll ich sagen?

»Job weg? Frau weg? Wohnung weg?«

Ich nicke.

Irgendwie hat er recht.

Und irgendwie auch nicht, aber das spielt keine Rolle.

»Die meisten dieser Geschichten ähneln sich.« Er beugt sich vor und betrachtet mich, studiert mein Gesicht, als wolle er feststellen, ob ich die Wahrheit sage. Draußen, hinter den Milchglasscheiben, rumpelt ein Lastwagen vorbei. »Und wovon leben Sie?«

»Von dem, was sie in den Supermärkten wegwerfen.«

»Sie holen sich Lebensmittel aus den Containern?«

Ich nicke.

»Das ist Diebstahl.«

Ich zucke mit den Schultern.

»Der Müll gehört denen, die ihn wegwerfen. So lange, bis die Müllabfuhr kommt, dann gehört er ihr.«

Ich schweige. Ich sage nicht, dass es keinen Sinn macht, Lebensmittel, die man ohne Probleme essen kann, wegzuwerfen. Ich sage nicht, dass es keinen Sinn macht, Dinge, die die einen nicht mehr haben wollen, die anderen aber gebrauchen können, zur Müllverbrennungsanlage zu fahren. Ich sage nicht, dass ich mit meinem Verhalten niemandem geschadet habe. Etwas im Gesicht des Polizisten sagt mir, dass er es weiß.

»Sind Sie auch eingebrochen?«

»Nein«, antworte ich beinahe entrüstet. »Ich bin kein Einbrecher. Ich bin auch kein Dieb, ich will niemandem etwas Böses.«

Er nickt und kratzt sich am Ohr. Dann wendet er sich um, beugt sich über die Tastatur und tippt.

»Lagern Sie Diebesgut in Ihrem Zelt?«, fragt er, ohne aufzusehen.

»Nein, ich esse auf, was ich in den Containern finde.«

Er nickt und tippt weiter. Und deutet mit dem Kinn auf die Schokoriegel, die zwischen uns auf dem Tisch liegen.

Zögernd nehme ich einen. »Danke.« Das Stanniolpapier knistert, als ich es aufreiße – Schokolade habe ich lange nicht mehr gegessen, man findet sie selten in den Containern. Vielleicht essen die Angestellten sie, statt sie wegzuwerfen? Ist das dann auch Diebstahl? Doch das sage ich nicht, sondern beiße stumm in meinen Schokoriegel. Der Polizist macht seinen Job und er macht ihn recht gut, er ist freundlich, nimmt mich ernst. Er behandelt mich nicht wie ein Kind.

»Wir müssen das überprüfen«, sagt er, als er sich mir wieder zuwendet. »Ob Sie kein Diebesgut in Ihrem Zelt haben, meine ich.«

Ich wische mir durchs Gesicht. Damit hatte ich gerechnet – seit sie mich verhaftet haben, ahne ich, dass meine Zeit ihm Wald vorbei sein könnte. Doch – wo gehe ich dann hin?

Wohin?

Wie?

»Außerdem haben Sie in einem Naturschutzgebiet gecampt.«

Auch um Zeit zu gewinnen, stelle ich mich ahnungslos. »Oh.«

»Wussten Sie das nicht?«

Ich sage nichts.

Ist eine Lüge ohne Worte auch eine Lüge?

Der Polizist schiebt den zweiten Schokoriegel über den Tisch und greift nach seinem Kaffeebecher. »Die Anzeige geht zur Staatsanwaltschaft. Dort entscheidet man, ob ein Verfahren gegen Sie eröffnet wird.«

Ich nicke. Sie werden kein Diebesgut finden. Nur Müll. Eine Ordnungsstrafe, vielleicht eine Bewährungsstrafe. Doch was, wenn sie mich weiter einsperren, weil ich keinen festen Wohnsitz habe?

Zurück in die Zelle? – Bitte nicht …

Polizist Nummer vier leert seinen Becher, beugt sich vor und verschränkt die Arme vor sich auf dem Tisch. »Sie haben keinen festen Wohnsitz.«

Ein kalter Schreck durchfährt mich.

»Eigentlich müsste ich Sie deswegen hierbehalten.«

Nein.

NEIN.

»Aber …« Er neigt den Kopf, lehnt sich zurück und mustert mich. Wieder pocht es heftig hinter meinen Schläfen.

Aber?

Aber was?

Was will er sagen?

Und warum tut er es nicht?

Dieses Schweigen, ich halte es kaum aus …

Gerade will ich ihn bitten, mich nicht wieder einzusperren, als Polizist Nummer vier sagt: »Wären Sie bereit, einen festen Wohnsitz anzunehmen?«

Im Polizeitrainingsanzug sitze ich im Fond eines Streifenwagens und bin dankbar, dass ich nicht in die Zelle zurückmuss.

Bei jedem Atemzug weiten sich meine Lungen, löst sich die Härte in meinen Muskeln. Ich weiß nicht, was auf mich zukommt, doch alles ist besser als der Weg ins Gefängnis.

Polizist Nummer vier blinkt und steuert den Streifenwagen auf einen Parkplatz. Er bringe mich zur Caritas, hat er gesagt, dort würde man weitersehen. Während der kurzen Fahrt vom Revier hierher haben wir beide geschwiegen. Jetzt dreht er sich um. »Da sind wir.« Ich nicke und mein Blick gleitet über die weiße Fassade, das Glas, die Stahlträger. Ein wenig wirkt das Gebäude wie ein Zweckbau, schnell hochgezogen, und doch sieht es einladend aus. Über der Tür prangt weiß auf rot ein Flammenkreuz. Ich war noch nie bei der Caritas. Ich war ja nie bedürftig.

Vielleicht ist es eine Chance, fährt es mir durch den Kopf.

Eine Chance?

Ich war zufrieden im Wald, glücklich beinahe. Ich wollte nicht zurück in die Welt. Warum sollte ich es jetzt wollen?

Mir wird warm und etwas schwindelig.

Polizist Nummer vier steigt aus und öffnet die hintere Tür. Ein dumpfer Schmerz fährt durch meine Hüfte, als ich den Fuß aufsetze. Es nieselt, ein kalter, grauer Novembertag, und als wir nebeneinander über den Parkplatz laufen, humpele ich. Am Empfang übergibt mich der Polizist einer Frau mit roten Wangen und grauem Bürstenschnitt. »Viel Glück«, sagt er und reicht mir die Hand. »Und bis heute Nachmittag.«

Ich erwidere seinen Händedruck.

Zwei Stunden und mehrere Telefonate später stehe ich wieder auf dem Parkplatz. Es hat aufgehört zu regnen und in der Hand halte ich eine Fahrkarte und einen Zettel mit einem Termin im Jobcenter, einen Gutschein für die Kleiderkammer des

Roten Kreuzes und mehrere Bons, um Lebensmittel zu kaufen. Ein Zivildienstleistender mit Piercings an Augen, Nase und Lippen fährt mich zu einer Obdachlosenunterkunft; sie liegt direkt gegenüber vom Polizeirevier. In seinen schweren Boots läuft er voraus, stapft eine Metalltreppe hinauf, jeder Schritt hallt wider, jede Stufe vibriert – als gingen wir an Bord eines Schiffs, als verlöre ich den festen Boden unter meinen Füßen. Drinnen übergibt mich der Zivi einer fülligen Frau, ihre Bewegungen sind rund und verströmen etwas Gemütliches, Mütterliches, als sie mich bittet, ihr zu folgen. Wir laufen einen Flur entlang – alles ist neu und hell, es riecht nach Farbe und der Fußboden blitzt so sauber, dass ich mir dreckig und abgerissen vorkomme.

»Bitte schön.« Die Frau spricht mit einem harten Akzent, als käme sie aus Russland oder einem anderen osteuropäischen Land. »Das ist Ihr Zimmer.« Sie öffnet eine Tür am Ende des Flurs.

Zögernd trete ich ein. Das Zimmer ist groß und wirkt ein wenig kahl wegen der nackten Wände. Alle Möbel sind neu und sehen aus, als habe man eben erst die Folie abgezogen, als müssten überall noch Preisschilder kleben. Vorsichtig setze ich mich auf die Bettkante, streiche über die Matratze – noch nie hat jemand in diesem Bett geschlafen. Ich stehe auf und öffne den Schrank – der Geruch von Holz schlägt mir entgegen. In einem der Fächer liegen frische Bettwäsche, ein weißes Laken, ein zweites Kopfkissen. Neben dem Schrank eine Kochnische, ein Tisch, ein Stuhl. Vor den Fenstern sonnengelbe Vorhänge. Meine Schritte klingen fremd auf dem Linoleumboden.

»Das Bad ist auf dem Flur.« Die Frau lehnt im Türrahmen

und sieht mir zu, als freue sie sich über mein Staunen. Dann reicht sie mir zwei Handtücher. »Kommen Sie erst einmal an. Später melden Sie sich bei mir und ich erkläre Ihnen alles, was Sie wissen müssen.«

»Danke«, sage ich.

Leise schließt sie die Tür. Eine scheue Freude erfasst mich: Wie schön es hier ist …

So still.

So friedlich.

So warm – wenn der Winter kommt, werde ich nicht alle meine Pullover, Socken, Hosen übereinanderziehen, mich nicht im Schlafsack verkriechen, unter Decken, nicht alle zwei Stunden aufstehen und auf der Stelle treten, um nicht zu erfrieren. Ich weiß, ich würde einen weiteren Winter überleben, doch die Aussicht, keine Angst vor der Nacht, dem Frost, dem Wetter am nächsten Tag haben zu müssen, gibt mir ein Gefühl von Sicherheit, das mich wie ein warmer Strom durchfließt.

Ich setze mich auf den Stuhl.

Eine Stunde, vielleicht zwei sitze ich da, sehe mich um, atme ein, atme aus und kann kaum fassen, dass es so leicht sein soll.

Vielleicht ist der Weg zurück gar nicht schwierig?

Vielleicht würde ich eine Arbeit finden, ein neues Zuhause, neue Freunde? Vielleicht würde ich schon bald wieder ein normales Leben führen – einer von vielen, einer wie alle?

Ich schließe die Augen und spüre, wie Freude und Leichtigkeit mich tragen. Alles scheint so nah …

Am Nachmittag steige ich die Metalltreppe hinunter, überquere die Straße und betrete ein weiteres Mal das Polizeirevier. In der Kleiderkammer habe ich nichts in meiner Größe gefunden, darum trage ich wieder meine alten Sachen und überreiche Polizist Nummer vier Trainingsanzug und Polizeipullover.

Mit dem Streifenwagen fahren wir zum Wald. Auf dem Beifahrersitz sitzt Polizist Nummer fünf, und als wir in einer schmalen Bucht am Rand der Landstraße parken, hängt er sich eine Fototasche über die Schulter. In der Ferne schlägt eine Kirchturmuhr. Ein roter Sattelschlepper donnert vorüber.

»Ein Stück müssen wir noch gehen«, sage ich und deute auf einen schmalen Pfad, den man nicht bemerkt, wenn man ihn nicht kennt. Die Polizisten sehen sich an. Der Jüngere taxiert mich. Er versucht, mich einzuschätzen, denke ich. Er weiß nicht, was er von mir halten soll.

»Gehen wir«, sagte Nummer vier.

Kahle Buchen, knorrige Fichten. Zweige, die unter unseren Schritten knacken, und raschelndes Laub, als wir uns einen Weg durchs Unterholz bahnen. Wir steigen über umgestürzte Baumstämme, feuchte Gräser streifen unsere Beine und bei jedem Schritt schlägt die Fototasche gegen Nummer fünfs Hüfte. Bald wird das Geräusch der Landstraße leiser.

Wir tauchen in die Stille des Waldes.

Lassen die Welt hinter uns.

Ich bleibe stehen und sehe mich um. Die Polizisten folgen mir auf den Fersen, sie atmen schwer und weiße Atemwölkchen quellen aus ihren Mündern. Nummer fünf schwitzt und wischt sich mit der Hand über die Stirn.

»Früher«, sage ich, »bin ich hier oft mit meinem Hund spazieren gegangen.«

Nummer vier schiebt seine Mütze zurück. »Sie hatten einen Hund?«

»Sam war ein neugieriges Mädchen.«

Er lächelt. »Ich mag Hunde.« Im selben Moment ertönt ein Schrei und Nummer fünf fährt zusammen.

»Ist nur ein Vogel«, sage ich. Nummer fünf brummt etwas, was ich nicht verstehe, und ich wende mich um und gehe weiter. Es riecht nach Moos, satter Erde und nassem Laub und ich halte auf den Hang zu, die erste Steigung.

»Vorsicht«, warne ich, »hier wird es steil.« Doch die Polizisten sind trittsicher, und als wir schließlich den Busch erreichen, der wie eine Wand den Zugang zum Platz verdeckt, bücken sie sich, kriechen durchs Dickicht und steigen das steile letzte Gefälle hinab.

»Das glaub ich nicht.« Abrupt bleibt Nummer vier stehen.

»Verrückt«, sagt Nummer fünf und sieht sich um. Ein wenig verlegen reibe ich meine schmerzende Hüfte. Und dann sehe ich den Platz, der ein Jahr mein Zuhause gewesen ist, auf ein Mal mit ihren Augen: das schäbige Zelt, die Berge alter Zeitungen, den Müll.

Und schäme mich.

Nummer fünf öffnet seine Tasche und beginnt zu fotografieren.

»Hier haben Sie ein Jahr lang gelebt?«, fragt Nummer vier.

Ich nicke.

»Und niemand hat Sie gesehen?«

Ich schüttele den Kopf.

»Es hat auch niemand nach Ihnen gesucht?«

Ich schüttele den Kopf.

»Sie gehen eines Tages die Straße hinunter in den Wald, leben wenige Hundert Meter Luftlinie von Ihrem alten Zuhause, Ihrer Firma, und niemand merkt etwas? Sie fallen einfach so aus der Welt?«

Ich hebe die Schultern – was soll ich sagen? Wie erklären, dass ich mir nichts mehr wünschte, als nicht gefunden zu werden?

Sein Kollege kniet vor dem Zelt nieder und öffnet den Reißverschluss. Kurz meine ich, ihn zurückzucken zu sehen. Dann kriecht er ins Innere.

»Kein Diebesgut«, sagt er, als er wieder herauskriecht. Nummer vier sieht mich an, fassungslos noch immer und auch erleichtert; als habe er doch gezweifelt, ob ich die Wahrheit sage.

Er dreht sich um und geht hinüber zur Lichtung. Ich folge ihm. Auf der Lichtung steht immer noch mein Stuhl und der Polizist stützt sich auf die Lehne. Er schaut sich um. Er sieht nach oben, betrachtet das Baumkronendach über unseren Köpfen, den eisigen Himmel, der zwischen den Zweigen durchblitzt. Er sieht mich an. »Ganz in der Nähe gehe ich manchmal mit meiner Frau spazieren – ich hatte keine Ahnung, dass es abseits der Wege so verborgene Flecken gibt.«

»Ja«, sage ich.

Und füge hinzu. »Es ist schön hier.«

Wieder sieht er sich um, sieht mich an.

Und nickt.

Als wir in den Streifenwagen steigen, legt Polizist Nummer vier seine Mütze auf die Ablage. »Also, von einer Anzeige werde ich absehen«, sagt er und dreht sich zu mir um. »Die Strafe könnten Sie ja ohnehin nicht bezahlen. Aber …«

Aber?

»Den Platz richten Sie wieder her.«

Ich wusste es.

»Sie bauen das Zelt ab und bringen den Müll weg.«

Ich nicke stumm.

Er räuspert sich und deutet auf meine Hüfte. »Sobald Sie wieder richtig laufen können.«

»Ich werde mich darum kümmern«, sage ich.

»Gut.« Dann startet er den Motor und wir fahren den kurzen Weg zurück in den Ort.

Am Abend begegne ich einem spargeldünnen Männchen und einer Matrone, nebeneinander laufen sie den Flur des Wohnheims entlang. Wie Stan Laurel und Oliver Hardy, denke ich.

Ich bleibe stehen. »Grüß Gott.«

»Grüß Gott«, sagt die Matrone.

»Ich bin der Wolfgang.«

»Gerda. Und das …«, sie deutet auf den spargeldünnen Mann, »ist der Alois.«

Alois nickt. Und Gerda erzählt, dass Alois Diabetiker sei, mit Anfang sechzig lag sein Blutdruck bei 180/110 mmHg, die Blutfettwerte stiegen ins Unermessliche, seine Nieren funktionierten kaum noch und schließlich verlor er seine Arbeit. »Kurz vor der Rente.« Sie schüttelt den Kopf, als könne sie es immer noch nicht fassen. Eine Weile lebten sie von ihrem Ersparten, doch eines Tages reichte es nicht mehr für die Miete. »Jetzt sind wir obdachlos.« Sie zuckt mit den Schultern. Alois schweigt.

Ich bin verblüfft über den Strom von Wörtern, der sich aus Gerdas Mund ergießt. Wir kennen uns nicht, doch sie erzählt mir ihr Leben – und wirkt dabei zugleich, als ginge sie die Geschichte nichts an. Auch Alois macht einen seltsam unbeteiligten Eindruck.

Aber wie erzählt man Fremden, dass man im Leben versagt hat?

Und doch machen beide nicht den Eindruck, als fühlten sie

sich als Versager. Gerade Schultern, aufrechter Gang. Nur ihre Blicke sind trüb, wie abwesend.

Ihr werdet hier nicht mehr herauskommen – der Gedanke durchfährt mich wie ein Blitz. Und zum zweiten Mal an diesem Tag schäme ich mich, diesmal nicht meinetwegen, sondern wegen diesen beiden alten Leuten.

»Und du?«, fragt Gerda.

Ich schlucke.

Wie erzähle ich meine Geschichte?

Im Wald hat mich keiner gefragt.

Jetzt fehlen mir die Worte.

Gerda bemerkt es. »Muss dir nicht peinlich sein«, sagt sie. »Hier sind alle gleich.« Sie deutet auf die Tür, die genau gegenüber von meinem Zimmer liegt. »Da wohn ich, willste mal sehen?« Bevor ich antworten kann, stößt sie die Tür auf und ich blicke auf Möbel, Kisten, Koffer. Eine Anrichte, ein Tisch, vier Stühle, ein Regal voller Bücher und Nippes, Teppiche, Bilder an den Wänden, Bilder auf dem Fußboden, ein Spiegel, zwei Stehlampen, Bettdecken, Wäsche, Taschen. »Das konnten wir retten, als wir die Wohnung räumen mussten. Alles andere haben sie verschrottet.«

»Verschrottet?«

»Drei Monate konnten wir unsere Sachen unterstellen, dann hat das Amt nix mehr bezahlt. Sie gehen davon aus, dass man in drei Monaten eine neue Wohnung findet.«

»Aber –«

Sie zieht die Schultern hoch, als wolle sie sagen: Ich begreif's auch nicht. »Die haben keine Ahnung, wie's draußen zugeht. Aber sie haben ihre Vorschriften, also haben sie eine Entrümpelungsfirma gerufen.«

Alois stehen Tränen in den Augen.

Bei meinen eigenen Möbeln war es mir gleichgültig, als ich sie im Container liegen sah – doch in Alois' und Gerdas Fall schnürt es mir die Brust zusammen. Es ist umso bitterer, alles zu verlieren, wenn man alt ist. Ohne Zeit, ohne Chance, sich noch einmal ein Leben aufzubauen.

»Hier haben wir auch noch ein paar Sachen.« Gerda öffnet die Tür neben ihrem Zimmer. »Auf dem Tisch siehste auch die Fotoalben, an denen der Alois so hängt …«

Alois blickt zu Boden.

Der Kloß in meinem Hals wird immer dicker.

»Ihr wohnt in zwei Zimmern?«, frage ich und weiß nicht, wo ich hinschauen soll.

»Sind alles Einzelzimmer hier.« Gerda sieht mich an. »Kommen ja alle allein hier an.«

Ich schlucke und trete zur Seite, lehne mich an die Wand zwischen beiden Türen, sodass ich nicht mehr in die Zimmer sehen kann. »Wer wohnt noch hier?«, frage ich.

»Niemand.«

»Wir sind die Einzigen?«

»Das Haus wurde gerade erst renoviert.«

»Werden schon noch welche kommen«, murmelt Alois und seine Stimme klingt, als würde sie zerbröseln, wenn er sie zu oft benutzte. »Wir sind ganz unten, aber wir sind nicht allein.«

In der Nacht, als ich nach langer Zeit wieder in einem Bett liege, kann ich nicht einschlafen. Bilder und Gedanken jagen durch meinen Kopf – Polizist Nummer vier, der Zivi mit dem Metall im Gesicht, mein Platz im Wald, Gerda und Alois, ihre vollgestopften Zimmer, ihr entrümpeltes Leben …

Und ich?

Wie wird mein Leben weitergehen?

Und plötzlich taucht wieder dieser Gedanke von heute Morgen auf: Vielleicht ist das hier meine Chance.

Vielleicht gibt es doch einen Weg zurück und vielleicht lohnt es sich, ihn zu gehen.

Drei Monate später beziehe ich eine eigene Wohnung.

Die Caritas-Frau hat mir ein möbliertes Einzimmerappartment in einer Seitenstraße vermittelt, nicht weit vom Wohnheim entfernt. Als ich den Mietvertrag unterschreibe, stellt sich heraus, dass ich den Vermieter kenne – auf meinen Spaziergängen mit Sam sind wir uns manchmal begegnet, grüßten uns, wechselten ein paar Sätze. Ein leutseliger Typ, der vor vielen Jahren aus Griechenland nach Deutschland kam, arbeitete und sein Geld machte und nun, anders als geplant, hierbleibt, denn das Land, das er noch immer seine Heimat nennt, ist seinen Kindern und Enkeln fremd. Die Wohnung, die er mir vermietet, liegt unterm Dach, ist klein und gemütlich und hat sogar einen Balkon, auf dem ich im Sommer sitzen und den Vögeln zuhören kann, die sich in den struppigen Eiben auf dem Nachbargrundstück tummeln. Die Miete beträgt etwas mehr als vierhundert Euro, das entspricht dem Höchstsatz, den die örtliche Agentur für Arbeit alleinstehenden Hartz-IV-Empfängern zum Wohnen zubilligt. Ich bin froh, wieder ein Zuhause zu haben.

Ins Jobcenter fuhr ich bereits wenige Tage, nachdem Polizist Nummer vier mich zur Caritas gebracht hatte. Ich meldete mich arbeitslos, beantragte Leistungen zur Sicherung des Lebensunterhaltes, füllte die Anlage zur Feststellung der angemessenen Kosten für Unterkunft und Heizung (KdU) nach § 22

SGB II aus, bekam Gutscheine für Kleidung und Lebensmittel. In einem Discounter kaufte ich Unterwäsche, Socken, Hosen, Hemden, eine Jacke; meine Kleidung, die ich ein Jahr täglich getragen hatte, war verschlissen. Im Supermarkt nahm ich nun die Vordertür, kaufte frisches Brot und Kaffee – wie sehr ich Kaffee zum Frühstück vermisst hatte, merkte ich, seit ich im Wohnheim wieder welchen trank –, außerdem Wurst und Weißbier. Weil ich nicht mehr nehmen musste, was da war, sondern auswählen konnte, kaufte ich sogar zwei Flaschen Bier und zwei Pfund Kaffee. Am Abend ging ich frisch geduscht und sauber gekleidet in eine Wirtschaft. Später, als mein Hartz-IV-Antrag bewilligt wurde, verrechnete man die Gutscheine – trotzdem hatte ich mehr Geld zur Verfügung, als ich mit Pfandflaschen je verdient hatte. Doch ich lebte weiter sparsam. Ich war es gewohnt.

Während meines ersten Termins nahm sich die Fallmanagerin viel Zeit: Eine Viertelstunde hörte sie zu, während ich vom Wald erzählte, von der Firma, der Pleite. Sie erklärte, welche weiteren Formulare ich ausfüllen müsse, welche Belege beizubringen und wo eventuell verbliebenes anrechenbares beziehungsweise verwertbares Vermögen aufzulisten seien.

»Ich glaube, ich muss mich erst einmal wieder zurechtfinden«, sagte ich.

Sie sah mich prüfend an, nickte und reichte mir eine Broschüre, die beim Ausfüllen der Formulare helfen sollte. Dann sah sie auf die Uhr. Ihr nächster Kunde wartete.

Beim nächsten Besuch hatte die Sachbearbeiterin weniger Zeit. Eine Frage in den Formularen lautete, ob ich arbeitsfähig sei – ich hatte JA angekreuzt. Doch sie bot mir keine Stelle an. Ich müsse selbst aktiv werden, sagte sie, könne aber gern einen

Kurs besuchen, in dem man lerne, Bewerbungen zu schreiben. Das schaffe ich ja wohl noch allein, dachte ich. Wieder im Heim setzte ich mich in meinem Zimmer an den Tisch und überlegte: Was konnte ich? Für welche Firmen war ich interessant? Für welche Jobs war ich zu alt, für welche brachte ich gerade wegen meines Alters überdurchschnittlich viel Erfahrung mit? In Gedanken begann ich, Bewerbungen zu formulieren. Ich malte mir aus, zu einem Vorstellungsgespräch zu fahren. Ich stellte mir vor, einen Arbeitsvertrag zu unterschreiben …

jeden Morgen in eine Firma zu fahren …

acht Stunden zu arbeiten …

Maschinen zu bedienen, mit Kollegen zu reden …

Anweisungen meines Chefs auszuführen …

Mir wurde schwindelig.

Ich schwitzte und das Pfeifen in meinem Ohr wurde lauter. Ich stand auf, ging zur Spüle und spritzte mir kaltes Wasser ins Gesicht. Dann setzte ich mich wieder an den Tisch. Eine Stunde saß ich dort, zwei Stunden, sah zu, wie das Licht fahler wurde und die Konturen der Möbel allmählich verschwammen, bis sie sich in der Dunkelheit auflösten.

Am nächsten Morgen setzte ich mich wieder an den Tisch. Ich atmete tief ein und aus und versuchte, meine Gedanken zu sortieren. Dann schlug ich die Zeitung auf und las die Stellenanzeigen.

Wir gehören zu einem weltweit operierenden Konzern mit einem Umsatz von 14,5 Mrd. US-Dollar. Mit innovativen Produkten und hoher Entwicklungskompetenz sind wir Marktführer auf dem Gebiet der Befestigungstechnik und suchen Sie als Ingenieur (m/w) für den Bereich Entwicklung/Anwendungstechnik.

Ihre Aufgaben:

- Projektmanagement
- technische Kundenbetreuung OEM/tier1
- Herstellbarkeitsbewertung/APQP
- Schnittstelle zwischen ITW Sales und Kunden
- Pflege von Artikelstammdaten im PPS-System

Ihr Profil:

- Abschluss als Ingenieur Maschinenbau (FH) oder Maschinenbautechniker
- Kenntnisse Auto-CAD-Inventor sowie der FEM-Simulation
- bevorzugt Automotive-Industrieerfahrung
- pro-aktive »Hands-on«-Mentalität
- gute Englischkenntnisse in Wort und Schrift

Darüber hinaus sind Sie ein pragmatischer Lösungsfinder mit Freude an Teamarbeit und eigenverantwortlicher Arbeitsweise. Sie sind engagiert und überdurchschnittlich leistungsbereit.

Pro-aktive »Hands-on«-Mentalität?

Pragmatischer Lösungsfinder mit Freude an Teamarbeit?

Ich schwitzte.

Und blätterte um.

Wir sind ein Unternehmen, das innovative ganzheitliche Lösungen für den internationalen Schweranlagenbau konstruiert und fertigt und suchen schnellstmöglich einen kompetenten und durchsetzungsstarken Ingenieur/Konstrukteur für den Maschinen- und Anlagenbau.

Ihre Aufgaben:

Sie übernehmen die Verantwortung in der Konstruktion und Entwicklung von kompletten Maschinen, Anlagen, Bauteilen und Baugruppen im Bereich Maschinen- und Anlagenbau, d. h.:

- ◇ Sie konzeptionieren und erstellen 3-D-Modelle und führen Änderungskonstruktionen durch
- ◇ berücksichtigen notwendige Maß- und Materialanforderungen und sind technischer Ansprechpartner für die Montage
- ◇ übernehmen das Projektmanagement sämtlicher in Klärung befindlicher technischer Details

Ihr Profil:

- ◇ abgeschlossenes Studium im Bereich Maschinenbau mit dem Schwerpunkt Konstruktion und Entwicklung
- ◇ CAD-Erfahrung, idealerweise mit dem CAD-Tool Inventor
- ◇ hervorragende Englischkenntnisse
- ◇ Reisebereitschaft
- ◇ überdurchschnittliche Motivation
- ◇ permanente Bereitschaft, sich in neue Themen einzuarbeiten

Hervorragende Englischkenntnisse?

Überdurchschnittliche Motivation?

Permanente Bereitschaft, sich in neue Themen einzuarbeiten?

Ich schwitzte.

Ich zitterte.

Und blätterte um.

Wir sind ein europaweit agierendes Unternehmen mit über 900 Mitarbeitern, das seinen Kunden hochwertige Product Lifecycle Management Beratungs- und Serviceleistungen mit technologischem Know-how anbietet. Unser Ziel ist es, durch die Verbesserung von Prozessen und Methoden die operative Effizienz zu steigern.

Ihre Aufgaben:

Als Mitarbeiter unseres Beratungs- und Serviceunternehmens unterstützen Sie unsere Kunden kompetent bei der Umsetzung ihrer PLM-Strategien (PTC/Windchill oder Siemens/Teamcenter). Zu Ihren Aufgaben gehören:

◇ die Übernahme von Kundenprojekten im Rahmen der Neueinführung oder Migration eines PLM-Systems, wobei Sie Analyse, Spezifikation, Entwurf und Implementierung verantworten

◇ die Begleitung unserer Kunden beim Rollout in den Bereichen Testing, Training sowie Support

◇ weiterhin stehen Sie unseren Berufseinsteigern für Fachfragen zur Verfügung, arbeiten bei Bedarf an Angeboten mit und sind aktiv in den Ausbau unseres Wachstumsmarktes eingebunden.

Ihre Qualifikationen:

Sie bringen ein technisches Studium (z. B. Ingenieurwesen oder Informatik) sowie fundiertes Know-how im PLM-Umfeld mit und können idealerweise sehr gute Windchill- bzw. Teamcenter-Kenntnisse sowie Erfahrungen in der Implementierungsphase aufweisen.

Darüber hinaus verfügen Sie:

- idealerweise über Erfahrungen in der Anpassungsentwicklung sowie im Projektmanagement
- sehr gute Deutsch- und Englischkenntnisse
- hohe Reisebereitschaft …

Mit jedem Anforderungsprofil schloss sich eine Tür.

Der Weg zurück – Himmel, wo führte er lang?

Auch jetzt liegt eine aufgeschlagene Zeitung vor mir, während sich auf der gegenüberliegenden Straßenseite in den struppigen Eiben Spatzen und Buchfinken tummeln, zwitschernd stürzen sie von Zweig zu Zweig und ich fühle mich steif und schwach. Es ist, als müsste ich Berge überwinden, Täler durchwandern, Flüsse durchwaten und hätte dabei nicht einmal Wasser und Proviant.

Warum setzt mir die Vorstellung, wieder zu arbeiten, so zu? Ich habe doch immer gern gearbeitet …

Nach einer Stunde, zwei Stunden schlage ich den Stellenteil zu und beginne, den Politikteil zu lesen. Wirtschaft. Panorama. Sport. München. Bayern. Kultur. Ab und zu öffne ich die Balkontür, höre dem Geschrei der Vögel zu, rauche eine Zigarette. Ich höre, wie der Mann nebenan rülpst. Er rülpst oft. Dafür redet er nicht. Obwohl er verheiratet ist. Oder weil er verheiratet ist? Ich setze mich, lese weiter: Wissen, Reise, Auto, Kleinanzeigen. Bis Musik ertönt. Die Frau des rülpsenden Mannes liebt Schlager: Roland Kaiser *Sieben Fässer Wein*, Udo Jürgens *Aber bitte mit Sahne*, Matthias Reim *Verdammt, ich lieb dich* und Andrea Berg *Du hast mich tausend Mal belogen*. Immer wieder, in dieser Reihenfolge.

Ich nehme meine Jacke und gehe.

Es ist schon März und noch immer liegt Schnee. Die Bäume sind kahl, ihre schwarzen Äste sehen aus, als würde es nie wieder Frühling werden, als würden nie wieder Blätter sprießen. Ich ziehe meine Mütze tiefer ins Gesicht und laufe die Straße hinauf, die aus dem Ort hinausführt. Nicht nur das Wohnheim und die Polizeistation liegen in der Nähe meiner neuen Wohnung, auch die Firma, mein altes Haus. Bislang bin ich nur Leuten begegnet, die ich auch früher eher flüchtig gegrüßt habe; wahrscheinlich haben sie nicht einmal gemerkt, dass ich fort war. Doch was, wenn ich meinen Mitarbeitern begegne?

Mike?

Frau Pfister?

Pino? Ja, sogar vor Pino fürchte ich mich, vor allem vor Pino, denn egal, wie tief ich die Mütze ziehe, er würde mich wittern und mit wedelnder Rute schnurstracks auf mich zulaufen. Und Frau Pfister will ich auf keinen Fall über den Weg laufen. Schon oft habe ich mir vorgestellt, einfach zu ihrer Villa zu gehen, zu klingeln, vielleicht würde sie gerade kochen, Schweinsbraten mit Rahmschwammerln oder Leberknödelsuppe, »das passt ja«, würde sie sagen und mich hineinbitten, mich bewirten und mit ihrem sehr genauen Blick ansehen und fragen: Wo hast du gesteckt? Was ist mit der Firma passiert, mit dem Haus? Warum bist du fortgelaufen?

An dieser Stelle verlässt mich jedes Mal der Mut.

Nichts fürchte ich mehr als Fragen.

Ich kann mich nicht erklären. Nicht anderen. Und nicht mir selbst. Also bewege ich mich wie ein Schatten durch die Straßen, verschwinde im Wald und laufe stundenlang abseits der Wege durchs Unterholz.

Kurz bevor die Ausfallstraße die Landstraße kreuzt, komme ich am Wohnheim vorbei. Ich denke an Gerda. An Alois. Ich hoffe, dass auch sie eine Wohnung finden werden, dass sie noch einmal ihre Möbel aufstellen können, ihre Kisten auspacken, die Koffer. Auf der anderen Straßenseite rollt ein Streifenwagen vom Polizeigelände und ich denke an Polizist Nummer vier. An das Versprechen, das ich ihm gegeben habe. Anfangs schmerzte meine Hüfte, dann begann es zu schneien – bis heute habe ich meinen Platz nicht geräumt. Und es hat bisher auch niemand mehr nachgefragt. Im Frühjahr, versichere ich mir schnell, im Frühjahr werde ich aufräumen.

Ein Lastwagen donnert vorbei. Wie eine schnurgerade Schneise führt die Landstraße am Ort vorbei und die Autos rasen, vor allem wenn man aus der Stille des Waldes herauskommt, spürt man die Wucht der Geschwindigkeit, ein kurzes Beben, das den ganzen Körper erfasst. Eilig überquere ich die Straße und folge dem schmalen Pfad, stapfte durch Brombeerhecken, steige über Baumstämme, die der Wind gefällt hat, und bald singen hoch über meinem Kopf Vögel, die ich nicht sehe, silberhell. Bei jedem Schritt knirscht der Schnee unter meinen Sohlen, manchmal trete ich ins Leere, in eine Senke, und die Autos und die Welt hinter mir werden immer leiser. Ich laufe Richtung Westen und plötzlich reißen die Wolken auf und die Sonne scheint, sie scheint so hell, dass der Schnee funkelt und das gleißende Licht, dem ich entgegenlaufe, mich blendet.

Nach einer Weile stoße ich auf eine Schonung. Kleine Fichten und Kiefern schmiegen sich aneinander wie verängstigte Kinder, sie sind kaum kniehoch und ich bücke mich und betaste ihre Nadeln. Sie sind weich, beinahe fedrig. Als ich mich wieder aufrichte, fällt mein Blick auf ein Spinnennetz zwischen zwei Weidenzweigen – ein filigranes Gespinst voller schimmernder Kristalle, wie Perlen nebeneinander aufgereiht. Ich hole Luft und spüre, wie mein Atem langsamer wird, wie das Blut in meinen Adern langsamer fließt, wie meine Gedanken sich beruhigen.

Wie die Zeit sich dehnt.

Irgendwann gehe ich weiter, atme und schaue, glücklich über die Stille, die Schönheit, die Welt jenseits der Welt.

Wie zufällig stehe ich schließlich an meinem Platz. Das Zelt ist eingeschneit, die Bahnen hängen durch unter der Last des Schnees, und ringsherum sind alle Zeitungen, aller Müll, die Beutel mit den Pfandflaschen unter einer dichten weißen Schicht begraben.

Der Platz sieht wunderschön aus.

Makellos.

Wie unangetastet.

Und doch ist mir, als wäre ich nur kurz fort gewesen. Ich gehe hinüber zur Lichtung – weiche Schneekissen liegen auf der Sitzfläche meines Stuhls, auf den Armlehnen. Mit dem Ärmel wische ich über den Sitz und setze mich. Drehe mir eine Zigarette. Und rauche.

Lausche dem Knistern in den Baumkronen.

Rieche die Frische, den Winter, spüre das Gefühl von Zuhause.

Im weißen Licht liegt der Platz zu meinen Füßen wie ein Geschenk. Er ist immer noch *mein* Platz.

Heimat …

Heimat – am allermeisten, mehr noch als Frau Pfister, fürchte ich meine Familie. Die Mutter. Den Vater. Margaretha. Vor ein paar Wochen, noch im Heim, kam ein Päckchen. Ich weiß nicht, wie meine Schwester herausgefunden hatte, wo ich wohnte, so lange schon hatte ich nichts von mir hören lassen, war wie vom Erdboden verschwunden. Und dann kam ein Weihnachtspäckchen. Als ich es öffnete, hämmerte mein Herz, meine Brust drohte zu bersten. Wie sollte ich mich je meiner Familie erklären? Von allen Herausforderungen war das die größte, die schwierigste, scheinbar unüberwindbar. Und zugleich die unausweichlichste. Mit zitternden Fingern schob ich das Papier beiseite. Wickelte einen kleinen roten Karton aus, goldene Sterne auf dem Deckel. Ich hielt die Luft an und hob ihn …

Und sah Kekse.

Und stürzte.

Fiel in einen Abgrund.

Mutterseelenallein.

Nach Jahren ein erster Kontakt mit meiner Familie und ein Geschenk, das ich nie gemocht hatte: Kekse.

Wie sollte ich die Distanz je überwinden?

War es überhaupt möglich?

Aus einem Impuls heraus erzählte ich der Caritas-Frau davon. Meist sprachen wir über Wohnungen, Arbeit, Geld, Zukunft, doch ab und zu fragte sie mich, wie es mir ginge. Ob ich mich stabiler fühle? Ob ich klarkomme? Ja, antwortete ich jedes Mal, ich komme klar. Ich füllte Formulare aus, stellte Anträge, ich kümmerte mich. Ich übernahm Verantwortung, versuchte, wieder Fuß zu fassen. Dass es Dinge gab, die mir Angst machten, Angst und ein schlechtes Gewissen, sagte ich nicht.

»Die Entscheidung, ob Sie Kontakt mit Ihrer Familie aufnehmen, liegt bei Ihnen«, antwortete die Caritas-Frau. »Sie müssen es nicht, wenn Sie sich nicht in der Lage dazu fühlen.«

Dafür war ich ihr dankbar.

Und trotzdem wuchs der Druck. Und er wächst noch. Wenn er allzu drängend wird, lese ich Zeitung, döse, schlafe, lasse die Zeit vergehen. So wie jetzt, während die Sonne hinter den Bäumen sinkt, die Vögel ihr Abendgebet anstimmen und ab und zu irgendwo ein Ast kracht und eine Schneelast dumpf zu Boden stürzt.

Erst als es dunkel ist, stehe ich auf. Ich bin durchgefroren und doch fühle ich mich leicht. Noch einmal wandert mein Blick über die Lichtung, die Silhouette des Zeltes, die ausladende Buche. Dann wende ich mich um, stapfe zu dem Busch, der wie eine Wand den Zugang zum Platz verdeckt, und krieche durchs Unterholz. Ein Zweig schnellt zurück und peitscht mir ins Gesicht – ein scharfer, klarer Schmerz, im ersten Moment zucke ich zurück, doch dann merke ich, dass sich das Brennen auf meiner Haut gut anfühlt. Seltsam lebendig …

Wenige Wochen nach dem Umzug in meine neue Wohnung bekomme ich Post. Ich bin wieder gemeldet, die Gläubiger wissen wieder, wo sie mich finden. Gut, beschließe ich, ich werde mich um alles kümmern. Ich öffne die Briefe, sortiere die Forderungen. Ich gehe zu einem Rechtsanwalt, denn die Forderung eines Stromversorgers ist überzogen; ein halbes Jahr nach meinem Auszug hat man erst den Zählerstand abgelesen. Der Anwalt nimmt das Mandat an. Er verspricht, sich zu melden. Jeden Tag schaue ich in den Briefkasten. Irgendwann schaue ich nur noch jeden zweiten Tag nach, jeden dritten. Meine Beine werden schwer, wenn ich die Treppe hinunterlaufen muss. Irgendwann gehe ich nicht mehr zum Briefkasten.

Stattdessen bringt der Vermieter die Post hoch. Ohne anzuklopfen, stürzt er in meine Wohnung. Schließe ich ab, hämmert er gegen die Tür. Er redet auf mich ein, ermahnt mich, den Briefkasten regelmäßig zu leeren. Er ermahnt mich, auch das Treppenhaus öfter zu putzen. Er beschwert sich, weil ich keinen Schnee geräumt habe.

Ich sage, dass sie nebenan so laut Musik hören.

Dass die Wände wirklich sehr dünn sind.

Er zuckt mit den Schultern.

Und geht.

Kurz darauf singt Roland Kaiser *Sieben Fässer Wein*. Ich halte mir die Ohren zu. Sitze reglos auf meinem Stuhl, als wäre ich nicht da. Und denke an den Wald.

Im April, als der Schnee endlich schmilzt und zarte Knospen sprießen, steige ich eines Morgens in einen Schulbus und fahre zwischen lärmenden Kindern in ein Dorf zehn Kilometer entfernt. Der Gerichtsvollzieher sagt, verschiedene Gläubiger hätten ihn beauftragt, ihre Forderungen einzuziehen, außer Mahnbescheiden lägen inzwischen auch Vollstreckungsbescheide vor, mittels einer eidesstattlichen Erklärung müsse ich nun meine Besitzverhältnisse darlegen – Bargeld, Immobilien, Sparguthaben, kapitalbildende Versicherungen, Schmuck, Wertgegenstände, Auto –, der Erklärung könne ich mich nicht entziehen, notfalls würde man sie per Haftbefehl und Beugehaft erzwingen, es sei denn, ich könne die offenen Forderungen innerhalb der kommenden sechs Monate begleichen, Paragraf sowieso, Absatz sowieso, Zivilprozessordnung …

Das Klingeln in meinen Ohren wird lauter.

Schließlich verstummt der Mann und sieht mich über den Rand seiner Goldbrille hinweg fragend an. »Und? Können Sie?«

»Was?«

»Die Forderungen begleichen?«

Ich schüttele den Kopf.

»Dann unterschreiben Sie bitte hier.«

Die Buchstaben tanzen vor meinen Augen und ich unterschreibe, ohne die Erklärung noch einmal zu lesen. Eine halbe Stunde, nachdem ich gekommen bin, stehe ich wieder vor der Tür: ein nackter Mann, mit nichts als Schulden. Betäubt gehe ich zur Bushaltestelle. Doch es fährt kein Bus mehr. Erst morgen früh wieder, um 8:32 Uhr.

Meine Scham wird zu Wut. Wie kann ein amtlich bestellter Gerichtsvollzieher in so ein abgelegenes Kaff ziehen? Wie zum Teufel kann er ausgerechnet hier, am Ende der Welt, sein Büro eröffnen? Die wenigsten seiner Klienten werden noch im Besitz eines Autos sein, doch er zwingt sie, an den Arsch der Welt zu reisen! Ich drehe mich um, lasse sein hässliches Haus hinter mir und marschiere los, marschiere in den nächsten Ort, den übernächsten, laufe schnell und voller Erbitterung, wie rücksichtlos dieser Mann doch ist, wie egoistisch, so idyllisch und scheißabgelegen zu wohnen. Ein weiterer Weiler, ein weiterer Forst, ich laufe immer schneller und mit jedem Schritt lodern Zorn und Scham höher – ein Habenichts, der zu Fuß laufen muss, weil der feine Herr gern auf dem Land residiert. Ich laufe und laufe, fünf, sieben, neun Kilometer, bis ich endlich zu einer Bushaltestelle komme, einer Haltestelle, an der ein Bus nach Hause fährt, heute, wenn auch erst in zwei Stunden.

Warum, frage ich mich, als ich auf die Bank in dem Wartehäuschen sinke, will ich eigentlich zurück in diese Gesellschaft?

13

Stille.

Nach einer endlosen Weile ein leises Summen.

Ein helles Plätschern.

Knarrende Baumrinden und das Seufzen der Äste.

Ich atme ein …

oh, dieser leere Raum!

So leer, so frei …

kein Drängen, kein Versagen …

nur Frieden …

und Vögel, fröhlicher, silberheller Gesang, und pralle Knospen, die sich kraftvoll entpuppen, erblühen, der Sonne entgegenstreben …

ein Flügelschlag …

ein warmer Hauch …

Mutter Natur.

Ich sitze auf meinem Stuhl, atme ein, atme aus und lasse die Zeit verrinnen. Sehe zu, wie die Schwärze des Winters dem Funkeln des Frühlings weicht.

Alles ist wie beim ersten Mal. Die Buche, das Zelt, die Lichtung, die Quelle. Wie beim ersten Mal habe ich ein paar Sachen gepackt und bin die Straßen hinuntergelaufen, während die Welt schlief, ging ich und sah nicht zurück, kein Zögern, kein Wort, verschwand einfach.

Doch diesmal kennen sie meinen Platz.

Polizist Nummer vier, sein Kollege, die Leute von der Caritas – sie werden kommen. Sie werden kommen und mich holen, damit ich in die Gesellschaft zurückkehre, eine Gesellschaft, die mich gar nicht will. Wenn sie kommen, muss ich gehen, ich weiß es. Doch bis dahin genieße ich die Stille.

Die Freiheit …

das Geräusch des Regens, der durch die Baumkronen rauscht,

das gedämpfte Licht,

die Monotonie der dahinfließenden Tage …

In der Wohnung lauschte ich dem Flüstern der Gräser, wenn mein Nachbar rülpste. Sah tanzende Sonnenflecke, wenn mein Vermieter zur Tür hineinstürmte. Roch die Kühle des Morgens, wenn der Briefkasten überquoll, spürte den weiten grünen Raum um mich, wenn ich mir die Ohren zuhielt, weil nebenan Schlager gespielt wurden. Die Wohnung wurde immer kleiner, immer enger, es war, als habe man mir eine Schlinge um den Hals gelegt und zöge immer fester, immer enger. Stunden saß ich da, mit geschlossenen Augen, die Finger in den Ohren, versuchte, dem Lärm, der Beklemmung und allem zu widerstehen – und sehnte mich nach dem Wald.

Als der Schnee schmolz und die Sonne schien, wurde die Sehnsucht übergroß. Unfähig, der wachsenden Enttäuschung, dem Gefühl, am falschen Platz zu sein, noch länger etwas entgegenzusetzen, packte ich meine Sachen.

Ich hatte es versucht.

Es hatte nicht funktioniert.

Ich hatte nicht funktioniert. Für kurze Zeit hatte es ausgesehen, als wäre ich mit einem Bein wieder in der bürgerlichen Welt und alles Weitere eine Frage von Disziplin. Doch es war ein Trugschluss gewesen. Die Probleme, vor denen ich geflohen war, kamen zurück – nein: Sie waren nie fort gewesen, nur ich war fort gewesen. Wie beim ersten Mal konnte ich den Rechnungen, Pfändungstiteln, Demütigungen, Lärm, der ganzen Vehemenz der Welt nichts entgegensetzen, ein weiteres Mal baute sich eine mächtige Welle auf und drohte, mich zu überrollen. Ende April, als ich einen Hartz-IV-Weiterbewilligungsantrag hätte stellen müssen, öffnete ich die Briefe vom Amt, legte die Formulare ordentlich auf einen Stapel – und ging.

Ich brauchte nichts.

Im Wald hatte ich alles, was ich brauchte.

Im Schutz der Buche klaube ich Laub zusammen. Spüre die brüchige Oberfläche der Blätter unter meinen Fingern, knorrige Zweige, aufgeplatzte Bucheckern, Erdkrümel. Ich löse die Heringe, straffe die Plane, die schlaffen Zeltbahnen, schlage alle Heringe wieder fest in den Boden, ziehe die Schnüre an, öffne den Reißverschluss und krieche ins Zelt. Alles ist noch da: Zahnbürste, Handspiegel, Schere, Besteck, Brett, Becher. Der Beutel mit Wäsche. Das Werkzeug. Das Seil. Die Fototasche und der Walkman, das zusammengerollte Bild vom Herzoglichen Bräustüberl in Tegernsee. An seinen Rändern entdecke ich Nagespuren. Mäuse?

Egal.

Die Wäsche riecht muffig. Egal auch das, ich bin neu eingekleidet, um Kleidung muss ich mir vorerst keine Sorgen machen. Ich kann mein altes Leben einfach weiterführen.

Nur die Katze ist nicht mehr da.

Eine Woche.

Zwei Wochen.

Vier Wochen.

Nach sechs Wochen atme ich auf. Sie werden nicht kommen. Ich weiß nicht, warum, aber sie lassen mich in Frieden.

In der Frühe gehe ich zur Isar, sehe dem Funkeln auf dem Wasser zu. Ich gehe spazieren, lese Zeitung, sitze auf meinem Stuhl und rauche eine Zigarette. Sauge die Ruhe in mich auf.

Alles wie immer.

Tage von vollendetem Gleichmaß.

Und doch … wenn ich dasitze, tauchen jetzt Fragen auf: Warum habe ich es nicht geschafft? Warum habe ich mich von Bürokratie und lärmenden Nachbarn in die Knie zwingen, von einem Gerichtsvollzieher in einem Kaff am Ende der Welt demütigen lassen?

Warum?

Was stimmt nicht mit mir?

Warum bin ich nicht wie andere? Warum schaffe ich es nicht, in der Gesellschaft zu leben, wie alle? Warum überfordert mich die Welt?

Was mache ich falsch?

Was ist falsch an mir?

Stundenlang sitze ich da und denke nach. Und finde doch keine Antworten. Stochere im Nebel herum, unbeholfen, stümperhaft.

Gehe schlafen, irgendwann.

Eines Tages lese ich in einer alten Zeitung – einer *Süddeutschen*? – einen Artikel über einen Mann: Er will frühstücken, setzt sich an den Tisch, starrt aus dem Fenster. Als er wieder aufsieht, ist es Nachmittag. Er ist immer noch nicht im Büro.

Und er merkt, er kann auch nicht hinfahren. Er ist unfähig, aufzustehen, sich anzuziehen, zur Tür zu gehen, ins Auto zu steigen, sich in den Verkehr einzufädeln ... Er kann nichts mehr, nur weinen. Er ist vollkommen erschöpft.

Ich lasse die Zeitung sinken. Burn-out – das Wort kenne ich, aus dem Fernsehen, dem Radio, vielleicht habe ich es auch in der Zeitung gelesen, es hat mit Arbeit zu tun, mit zu viel Arbeit. Ich hielt mich nicht weiter damit auf. Es betraf mich nicht. In der Zeitung steht viel, vieles auch, was mit meinem Leben nichts zu tun hat, und wer hat schon die Zeit, über all das nachzudenken?

Jetzt starre ich auf die Buchstaben vor mir und frage mich: Habe ich ein Burn-out?

Aber ich weine nicht.

Ich kann aufstehen, mich anziehen.

Doch es gab Zeiten, da konnte ich es nicht. Ging auch nicht mehr in die Firma, lag auch auf dem Sofa, starrte in die Luft, schlief.

Trotzdem ... ein Burn-out – ich?

Ich war immer gesund. Bin in dreißig Jahren nie zum Arzt gegangen, höchstens einmal zum Zahnarzt. War immer kräftig, belastbar, ein Mann, kein Schwächling, nie.

Nicht ich.

14

Dumpfes Licht fiel durch die Schlitze der Jalousien. Im Halbdunkel war der Boden voller Schatten, ein Mosaik aus grauen Flecken: alte Zeitungen, schmutzige Hemden, leere Kartons, volle Aschenbecher, ungeöffnete Briefe. Die Möbel zwischen den Haufen wirkten wie Fremde, die nicht wussten, ob sie willkommen waren oder lieber gehen sollten. Die Luft roch abgestanden, nach altem Rauch – ich wusste nicht, wann ich das letzte Mal gelüftet hatte. Ich wusste auch nicht, wann ich das letzte Mal aufgeräumt hatte. Es interessierte mich nicht. Nichts interessierte mich. Nichts berührte mich. Ich fühlte weder Angst noch Wut noch Freude noch Traurigkeit noch Hoffnung.

War ohne Gefühl.

Wie tot.

Nur mein Körper lebte noch. Stand manchmal auf, ging ins Bad, in die Küche, fütterte Sam. Zündete eine Kerze an, denn der Strom war abgestellt worden.

Als wäre ein Feuer durch mich hindurchgefegt.

Ausgebrannt.

Wann war ich das letzte Mal in der Firma?

Vor eineinhalb Jahren?

Vor zwei Jahren?

Zweieinhalb?

Wenige Wochen nach meinem Zusammenbruch, es muss im

Winter 2007 gewesen sein, kam die Sekretärin. Sie kam kein zweites Mal. Auch Mike kam nicht. Gerade Mike nicht. 2008 klingelte es dann kaum noch, und wenn, öffnete ich nicht. Blieb im Bett oder stand still im Flur, auf der anderen Seite der Tür, hielt den Atem an und lauschte. Wartete, bis ich Schritte hörte, die sich entfernten.

Ein einziges Mal, ich weiß nicht warum, öffnete ich doch die Tür. Einfach so.

»Wolfgang!«

Ich erstarrte.

»Wolfgang, um Himmels willen, wir haben uns solche Sorgen gemacht!«

Rauschen in meinem Kopf.

»Wir haben uns solche Sorgen gemacht, die Mutter ist schon ganz krank vor Gram ...« Margaretha trat einen Schritt vor.

Ich wich zurück.

»Himmel, Wolfgang, so sag doch was ...«

Ich öffnete den Mund – es kamen keine Worte.

»Ich weiß nicht, wie oft wir angerufen haben, aber du gehst ja nie ans Telefon.« Margaretha trat noch einen Schritt vor. Sam neben mir spitzte die Ohren, ihre Rute stand steif in die Höhe. »Und selbst rufst du gleich gar nicht an. Inzwischen ist sogar deine Nummer tot. Wolfgang, was ist los mit dir?«

Das Rauschen wurde mächtiger, immer mächtiger.

Übermächtig.

»Was ...«, fragte ich, »was machst ... du hier?«

»Herbert und ich machen Urlaub am Tegernsee und da wollte ich nach dir sehen.« Margaretha streckte die Hand nach dem Türknauf, trat ein. Sams Nackenhaare stellten sich auf.

Mein Kopf drohte zu bersten.

Meine Schwester schloss die Tür. Einen Moment senkte sie den Blick – dann sah sie mich an. In ihren Augen lag alle Schuld der Welt. Wie früher. Wie immer. »Himmel, Wolfgang, hast du eigentlich irgendeine Ahnung, wie die Mutter sich sorgt? Sie ...« Sie schluckte und biss sich auf die Lippe. »Wir wussten ja nicht einmal, ob du noch lebst.« Ein kurzer wunder Laut entfuhr ihrer Kehle.

Dann ein Schluchzer.

Tränen.

Schwarze Verwirrung senkte sich über mich.

Abrupt wandte Margaretha sich ab. Starr und mit dem Rücken zur Wand sah ich zu, wie sie den Flur hinunterlief. In der Tür zum Wohnzimmer fuhr sie zusammen – Sekunden vergingen, Ewigkeiten, dann drehte sie sich langsam um und sah mich an, mit schreckweiten Augen. »Um Himmels willen«, flüsterte sie, »was ist hier los?«

Unter Aufbietung all meiner Kräfte löste ich mich von der Wand, setzte einen Fuß vor den anderen, ein tausendjähriger Mann, kurz davor zu zerfallen.

Im Wohnzimmer sank ich aufs Sofa. Sam hockte sich neben mich. Meine Schwester stand immer noch reglos im Türrahmen. An ihren Schultern, ihrer Haltung sah ich, wie sie sich zusammennahm. Noch nie war mir aufgefallen, wie gebeugt sie sich hielt. Ihre runden Schultern, der leicht eingezogene Kopf, als fürchte sie eine unsichtbare Gefahr. Nach einer Weile tastete sie nach dem Lichtschalter. Nichts geschah. Mit einem scharfen Laut sog sie Luft ein. Dann bahnte sie sich auf Zehenspitzen einen Weg durch Zeitungen, Rechnungen, Hemden, zog die Jalousie hoch, öffnete das Fenster.

Grelles Licht blendete mich.

»Wolfgang, was um Himmels willen ist hier los?«, fragte sie noch einmal, mit tonloser Stimme.

Ich öffnete den Mund. Und hatte alle Wörter verloren.

Es war, als wären mein Hals, mein Gaumen, mein Rachen, mein Hirn, als wäre alles in mir versiegt, für immer zum Stillstand gekommen.

Mit steifen Bewegungen stieg Margaretha über Müll und Dreck, schob eine schmutzige Hose beiseite, einen zur Hälfte leer gegessenen Teller, setzte sich vorsichtig auf eine Sessellehne. Sie sagte etwas, doch das Rauschen in meinem Kopf war so laut, dass ich nichts hörte, es war, als wären meine Ohren voller Watte, als sei mein Kopf voller Watte, nur eines drang zu mir durch, eine Botschaft zwischen den Worten, bitter und gefährlich: Sie machten sich Sorgen. Sie machten mir Vorwürfe.

Ich blinzelte.

Versuchte zu atmen.

Mich zu konzentrieren.

Zu denken.

Wie ... wie bekam ich sie wieder hinaus?

Sams Muskeln waren angespannt, sie hockte neben mir wie eine Wache, ließ meine Schwester nicht aus dem Blick, während Margaretha dasaß und redete und redete – woher hatte sie bloß all die Wörter? Und warum ergoss sie sie über mich?

Ich ... musste ... hier ... raus ...

Wenn sie nicht ging, dann ich.

Zeitlupenlangsam und wie von fremden Händen bewegt erhob ich mich. Sam reckte den Kopf. Bleib hier, mein Mädchen, dachte ich. Bleib hier. Sie tänzelte, berührte mit leichtem Hüftschwung mein Knie, folgte mir, während ich mit schwankenden Schritten über Zeitungen, Hemden, Kartons, Aschenbecher, Flaschen, Socken stieg, den Arm nach dem Griff der Terrassentür streckte, sie öffnete, hinausstolperte. Und floh.

Inzwischen kam niemand mehr.

Sie haben aufgegeben, alle.

Gott sei Dank.

Sam legte eine Pfote auf mein Bein. Sie sah mich an, blinzelte, leckte meine Hand – als wollte sie mich trösten und nur zu gern hätte ich Trost gefühlt.

Und war wie versteinert.

Strich über ihren Rücken.

Kraulte ihre Ohren.

Versank.

Sam wich nicht von meiner Seite. Sie rollte sich zusammen, wenn ich auf dem Sofa döste, lag neben dem Bett, wenn ich schlief, folgte mir auf dem Fuß, wenn ich von einem Zimmer ins andere ging. Und obwohl ich stumm und starr blieb, war es gut, dass sie da war. Das einzige Wesen, das keine Ansprüche stellte, nichts erwartete, nichts forderte. Das einzige Wesen, dessen Nähe ich ertrug. Wenn ich über ihren warmen Bauch strich, ließ das Rauschen in meinem Kopf nach, das Pfeifen in den Ohren, und manchmal brauchte es nicht einmal eine Berührung, reichte ein Blick. Sam brachte etwas zum Schwingen, eine zarte, zerbrechliche Erinnerung daran, wie es sich anfühlte, mit einem Menschen zu sein, den man mochte, an Zuneigung, Geborgenheit, Vertrauen. Legte sie ihren Kopf in meine Hand, war es, als gäbe es doch noch irgendwo Halt.

Jeden Tag liefen wir stundenlang durch den Wald, abseits der Wege, unsichtbar für die Welt. Ich löste Sams Leine und folgte ihr durchs Dickicht, durch Brombeerbüsche, Anemonenwiesen und Maiglöckchenfelder, vorbei an goldbelaubten Weiden oder verschneiten Buchen, an grünen Fichten und knorrigen Kiefern, immer tiefer und tiefer in den Wald hinein. Inzwischen war Sam vierzehn Jahre alt, ihr Fell hatte etwas Glanz verloren, um die Nase war sie grau, ihre Gelenke wurden steifer, doch sie war noch immer mein neugieriges Mädchen, das es liebte, durchs Gebüsch zu stromern, Mäuse aufzuspüren und Eichhörnchen und versteckte Winkel.

Eines Tages liefen wir wieder Richtung Isar. Der Boden war sonnengefleckt und in den Zweigen funkelten letzte Tropfen nächtlicher Schauer. Eine Krähe schrie und hier und da raschelte es im Laub. Sam richtete die Ohren auf, schnüffelte – dann stürmte sie los. Ich folgte ihr, trat Ranken beiseite, die über den Boden mäanderten, stieg über morsche Baumstämme, schlug Bögen um zarte Tannenwinzlinge, lief durch Felder weißer Schösslinge, die sich durchs Laub bohrten und wie tanzende Fadenwürmer gen Himmel reckten. Äste knackten, Zweige, und als ich über einen schmalen Bach sprang, bohrte sich etwas in mein Ohr – ein abgebrochener Zweig an einem Kiefernstamm, rau, kurz, dick, wie ein Haken ragte er hervor, man hätte eine Jacke daranhängen können, einen Mantel.

Das Unterholz wurde immer dichter, und irgendwann blieb ich stehen und rief leise Sams Namen. Die Luft war erfüllt vom würzigen Duft der Nadelbäume und ein Stück entfernt hörte ich ein Rascheln, geheimnisvolles Geflüster. Ab und zu fielen Regentropfen, die noch in den Baumkronen hingen, herab, fielen auf meinen Kopf, mein Gesicht, auf sattes Moos oder weiche Gräser, ein zartes, lichtes Geräusch, beinahe verheißungsvoll. Ich lief weiter, lief durch Senken und über Lichtungen, vorbei an einem Hochsitz, von dem nur eine morsche Leiter und ein schiefer Boden geblieben waren, und dann sah ich sie: die Ohren gespitzt, den schlanken Körper gestreckt, jeder Muskel angespannt – ein Bild vollkommener Konzentration. Sam witterte etwas, wovon ich nicht einmal ahnte, und im nächsten Moment flog sie über eine Pfütze und schoss davon. Wieder versuchte ich, ihr zu folgen, doch der Boden wurde feuchter, unebener, ich rutschte, fiel, hielt mich an Zweigen fest, an Grasbüscheln. In dem Moment rissen die Wolken auf und ein Meer von Licht flutete durch die Baumkronen, von einem Moment auf den anderen war der Wald von ungeheurer Helligkeit durchdrungen, ich blinzelte, verharrte, schloss die Augen und öffnete sie vorsichtig wieder, wartete, dass sie sich an das Licht gewöhnten. Lange Schatten glitten von den Stämmen der Bäume und ein durchdringender dunkler Ruf ertönte, weich und eindringlich wie der Ton eines Fagotts.

Es war, als habe die Zeit sich gekrümmt.

Als befände ich mich mit einem Mal auf der anderen Seite von etwas.

Mit den Stiefelspitzen tastete ich über den Boden, stieg über schwarzes Geäst, schwere Erde. Immer wieder rief ich Sams Namen – ein kurzes Bellen, irgendwo vor mir, ganz in der Nähe. Dort drüben, hinter dem Busch, der wie eine Wand aus dem Boden wuchs? Ich hielt auf ihn zu, schob mit beiden Armen seine kräftigen Zweige beiseite, bückte mich, kroch weiter. Der Boden war schlammig und ich rutschte, verlor erneut das Gleichgewicht, hielt mich an einer Baumwurzel fest.

Auf der anderen Seite des Buschs rieb ich mir Erde aus dem

Haar, Blätter, Kiefernnadeln. Unmittelbar vor meinen Füßen fiel der Hang steil ab und einen guten Meter tiefer lag ein Platz – eine ebene, von Laub bedeckte kreisrunde Fläche. An ihrem Rand ragten Triebe aus dem Boden, suchten ihren Platz zwischen den hoch aufragenden Buchen, hier und da sprossen junge Tannen, manche kniehoch, manche hüfthoch, und über allem spannte sich ein Dach aus Buchenzweigen, eine dichte, grün getupfte Fläche, durch die hier und da der Himmel blitze, wie von einem Impressionisten gemalt. Am oberen Rand des Platzes stand eine Buche, älter als alle anderen Bäume, streckte ihre Äste aus wie eine Mutter, die die Arme ausbreitet, um ihre Kinder aufzunehmen.

Vorsichtig kletterte ich den Abhang hinunter und setzte mich ins Laub. Vögel schwatzten und trillerten, lachten und krähten – krrrwttt, krwttt, waaa, waa-aa! Pfiiit! Pfiitiilii! Zu meinen Füßen entdeckte ich einen Pilz, die Ränder seines flachen Huts waren nach oben gebogen, sodass sich Regenwasser darin gesammelt hatte – eine winzige Badewanne. Sam kam angelaufen, schnüffelte kurz daran, dann stupste sie mich mit ihrer feuchten Nase, leckte meine Hand und setzte sich neben mich, still und zufrieden.

Als spürte auch sie die besondere Schönheit.

Als spürte auch sie den besonderen Schutz dieses Ortes.

Lange Zeit war Geld da.

Dann war das Konto leer.

Es war mir egal. Ich machte mir keine Sorgen. Trieb einfach weiter von Tag zu Tag, zündete eine Kerze an, wenn es dunkel wurde, heizte mit Holz, wenn es kalt war, holte mir Lebensmittel aus den Containern, wenn ich Hunger bekam.

Irgendwann, im Frühjahr 2009, als würde ich aus einem langen Schlaf erwachen, löste die Lethargie ihre Umarmung. Sofort ertönten Stimmen, die mahnten, ich müsse etwas tun, etwas tun, etwas tun! Zögernd sammelte ich alle Briefe zusammen, öffnete sie, sortierte Rechnungen, Mahnungen, Forderungen. Anschließend duschte ich, rasierte mich, zog eine saubere Hose an, ein frisches Hemd und ging zur Bank. Überrascht stellte ich fest, dass ich noch Geld besaß.

»Ihr Konto wurde wegen einer Pfändung gesperrt«, erklärte der Bankmann. »Zwei Rechnungen wurden nicht bezahlt, vor ...« Er sah auf seinen Bildschirm. »Vor sechs Monaten. Einmal 200 Euro Grundsteuer, einmal 30 Euro Hundesteuer.«

Ich hatte nicht bemerkt, dass mein Körper sich verspannt hatte, doch nun spürte ich, wie die Muskeln sich lösten, wie ich weich wurde, Erleichterung sich in mir ausbreitete. 230 Euro, die nicht abgebucht worden waren – weil ich zwei Rechnungen ignoriert hatte! Ich beantragte, das Konto wieder freizugeben, beglich ausstehende Strom- und Gasrechnungen, überwies Versicherungsbeiträge, Müllgebühren.

Es blieb immer noch ein Guthaben von mehreren Tausend Euro.

Eine Ahnung wehte mich an wie ein Duft – vielleicht war ich doch nicht aus der Welt gefallen? Vielleicht konnte ich noch Fuß fassen, ein normales Leben weiterführen?

So unvermittelt die Ahnung kam, so hastig löste sie sich auf. Der Wind trug den Duft davon, er ließ sich nicht halten, vergänglich zu sein war seine Natur, und ich fiel zurück in die Arme der Lethargie, die anders als der flüchtige köstliche Duft, dieser lose Gespiele, eine verlässliche Konstante war, eine Freundin, die mich auffing und mit ihrem weichen Mantel umfing, der alle Geräusche, alle Gefühle dämpfte, mich schützte vor dem eisigen Wind der Welt.

Ich schlief.

Ich döste.

Ich sah Fernsehen – bunte Flecken, ohne Ton.

Bunte Flecken, die die Leere nicht füllen konnten: An einem Nachmittag im Herbst starb Sam. Ich begrub sie im Garten.

Im Frühjahr 2010 ging ich zum Discounter, um Pfandflaschen abzugeben.

»Wolfgang?« Schritte wie aus dem Nichts, dicht hinter mir.

Ich ging weiter.

»He, Wolfgang, du bist es doch?« Eine Hand auf meinem Arm, ein fester, bestimmter Griff.

Ich blieb stehen, sah mich um, blinzelte. Ein wilder Haarschopf und zwei leuchtende Augen in einem braun gebrannten Gesicht – ein Gesicht, das ich aus einem fernen fremden Leben kannte.

»Ja, grüß dich!« Die Hand löste sich und schlug mir auf die Schulter. »Mensch, dich hab ich ja ewig nicht gesehen.« Weitere Schläge, jetzt auf beide Schultern, wie Männer das so tun. Wie damals, als Mike und ich manchmal ein Feierabendbier bei Freddy tranken. »Wie geht's dir?«

»Ja«, sagte ich.

»Gut«, sagte ich.

»Ich kann auch nicht klagen.« Freddy rieb mit dem Zeigefinger über seine Nasenspitze. »Was hab ich euch damals gesagt? Computer sind die Zukunft – hat gestimmt!« Er lachte, ein zufriedenes, beinahe selbstgefälliges Lachen. »Hab inzwischen mehrere Läden in München. Und natürlich den Laden hier, wo alles angefangen hat.«

Ich nickte.

»Auch der Biergarten läuft gut. Hab ihn verpachtet. Ich sag dir, wenn du an den richtigen Stellen gute Leute sitzen hast, kannst du dich entspannt zurücklehnen.« Er lachte wieder und machte eine Geste, als zähle er Geld.

Dann verdunkelte sich sein Gesicht. »Hab gehört, bei euch schaut's nicht so gut aus?«

Ich zuckte mit den Schultern.

»Hab neulich den Lutz getroffen. Er sagt, Mike taucht nur selten in der Firma auf. Und du gar nicht mehr?« Freddy schüttelte den Kopf. »Er sagt, er und die anderen Mitarbeiter schmeißen den Laden quasi allein, er programmiert und schreibt Angebote, Norbert und Uwe stehen an den Maschinen, Kai an der Abkantbank.«

Ich zuckte mit den Schultern.

»Ja«, sagte ich.

Als sei das normal.

Als wüsste ich Bescheid.

Freddy fuhr sich durch seinen wilden Schopf. »Was ist los? Habt ihr euch zerstritten?«

Wieder zuckte ich mit den Schultern.

Was sollte ich sagen?

Dass Mike und ich uns voneinander entfernt hatten?

Dass wir eines Tages aufgehört hatten, miteinander zu sprechen?

Dass ich versucht hatte zu retten, was zu retten war, und eines Tages keine Kraft mehr hatte, morgens aufzustehen?

»Mei, Wolfgang.« Wieder legte Freddy die Hand auf meinen

Arm. »So geht das doch nicht. Ich mein, der Lutz sagt, es läuft so einigermaßen, aber ihr müsst euch doch kümmern.«

Ich nickte.

Die Straße vor uns glänzte. Seit Tagen regnete es ohne Pause.

Kümmern.

Ja …

Ich musste mich kümmern. Um die Firma. Um die Mutter. Um die Welt. Aber ich konnte nicht.

Wollte auch nicht.

Wollte nur ein paar Flaschen abgeben und wieder heim.

»Ich muss los«, sagte ich, nahm meine Tüten und wandte mich um. Lief, statt in den Discounter, so schnell ich konnte nach Hause.

Ein paar Wochen später klingelte es. Ich erwachte von dem ungewohnten Geräusch. Und zog mir die Decke über den Kopf.

Es klingelte wieder.

Ich rührte mich nicht.

Es klingelte noch einmal, erst kurz, dann lang.

Schweißbläschen sammelten sich auf meiner Oberlippe.

Kurz. Lang. Sehr lang.

Ich hörte auf zu atmen.

Lang. Sehr lang.

Seeeeeeeeeeeeeeeeeeeeeehr lang.

Ich schob die Decke zur Seite.

Als ich die Tür öffnete, stand ein Mann davor. »Herr Ködel?«

Ich nickte.

»Die Insolvenzverwalterin schickt mich.«

Ich nickte.

»Würden Sie bitte mitkommen?« Er deutete auf ein Auto,

das in der Einfahrt stand. »In der Kanzlei müsste man ein paar Dinge mit Ihnen besprechen.«

Ich verstand nicht, nickte wieder, und als wären meine Gliedmaßen aus Wasser, wandte ich mich um, ging den Flur entlang, bahnte mir einen Weg durch Kleiderhaufen, Zeitungen, Konservendosen, schob ein Handtuch beiseite, nahm eine Socke, einen Schuh, zog mich an.

Im Auto schaltete der Mann das Radio an. Er sagte etwas über das Wetter, ich antwortete. Dann fuhren wir schweigend den Rest der kurzen Strecke bis in den Nachbarort.

In der Kanzlei empfing uns eine Frau in einem grauen Kostüm. Ihr blondes Haar war zum Pferdeschwanz gebunden. »Mein Name ist Felicitas Petry.« Sie reichte mir die Hand. Sie hatte schmale Lippen und tief liegende Augen, einen scharfen Blick. »Ich müsste ein paar Dinge mit Ihnen besprechen.«

Ich nickte und folgte ihr.

Sie führte mich in ein Büro, nahm hinter einem gläsernen Schreibtisch Platz. »Herr Ködel, Sie sind einer der drei Geschäftsführer der Firma Fabricamus?« Ihre Stimme war fest, wie Stahl. »Gemeinsam mit Mike Mosner und Alfons Meininger?«

Ich nickte und setzte mich ebenfalls.

Mit fließenden Bewegungen zog die Frau eine Mappe aus einem Aktenstapel. »Ich weiß nicht, inwieweit Sie informiert sind, die Firma Fabricamus hat einen Insolvenzantrag gestellt.«

Ich schluckte.

Sie sah auf – ein kurzer Blick, der alles erfasste; mich, das Chaos, meine ganze Hilflosigkeit.

»Warum?«, fragte ich.

Sie faltete ihre schlanken Hände. Sie trug eine Perlenkette, und wie sie dasaß, so aufrecht und kühl, glich sie einer Statue. »Die Firma Meininger hat vor einigen Wochen Insolvenz angemeldet und die Firma Fabricamus musste daraufhin offene Forderungen in Höhe von …« Sie löste ihre Hände, sah kurz in ihre Akte. »In Höhe von beinahe 150 000 Euro abschreiben. Damit war Fabricamus zahlungsunfähig.«

Ich stieß etwas Luft aus.

Ich überlegte, was ich sagen könnte.

Mir fiel nichts ein. Ich hatte nicht damit gerechnet, doch ich war auch nicht überrascht. Es war mir gleichgültig.

»So, wie es aussieht, war die Firma Meininger Ihr Hauptkunde?«

»Ja.«

»In solchen Größenordnungen kann eine Insolvenz schnell eine Folgeinsolvenz nach sich ziehen.« Sie zog weitere Unterlagen aus ihrer Mappe, blätterte. »Zum Schluss hatten Ihre Mitarbeiter nicht einmal mehr Geld, um Briefmarken zu kaufen und Rechnungen zu verschicken.«

Ich zuckte mit den Schultern.

Die Frau sah auf – und kurz meinte ich, ein Staunen in ihrem Gesicht zu entdecken. Dann setzte sie wieder ihren Profiblick auf. »Ich wurde als Insolvenzverwalterin bestellt. Meine Aufgabe ist es, noch vorhandenes Vermögen zu verwalten und, soweit möglich, Gläubiger zu befriedigen.« Ihr Ton war förmlich, nüchtern, distanziert. Sie sagte solche Sätze jeden Tag. »Ich werde versuchen, einen Käufer für die Halle und die Maschinen zu finden.« Sie hielt inne, als wolle sie prüfen, ob ich verstanden hatte.

Hatte ich.

Sie reichte mir eine Visitenkarte. »Ich muss Sie bitten, in der nächsten Woche noch einmal zu kommen. Sie müssten dann verschiedene Dokumente unterschreiben.«

»Ja«, sagte ich.

In den Tagen danach spürte ich kein Bedauern, keine Angst, keine Schuld. Ich spürte nichts.

Totes Herz.

Als ich zum verabredeten Termin wieder in die Kanzlei kam, trug die Insolvenzverwalterin ein blaues Kostüm. Den blonden Pferdeschwanz und die Perlenkette. Mit einer fließenden Handbewegung forderte sie mich auf, an ihrem gläsernen Schreibtisch Platz zu nehmen.

»Ich habe bereits mit Herrn Mosner und Herrn Meiniger gesprochen: Es hat sich ein Käufer gefunden.« Sie lächelte, als sei das eine gute Nachricht, und nannte einen Namen. Einen Namen, den ich kannte: Ein Konkurrent, der Anfang der Nulljahre, als Mike und ich in unsere eigene Halle umgezogen waren, unser Nachbar war. Später, als im Nachbarort ein neues Gewerbegebiet ausgewiesen wurde, zog er um, vergrößerte sich. Er arbeitete mit Wasserstrahlschneidanlagen, eine zusätzliche Laserschneidanlage war für ihn hochinteressant. Er kaufte auch die anderen Maschinen. Und die Halle. Alles zum Spottpreis.

»Wenn Sie mich entsprechend bevollmächtigen, werde ich auch einen Käufer für Ihr Haus suchen.« Frau Petry reichte mir einen silbernen Füllfederhalter. »Die ausstehenden Verbindlichkeiten bei der Bank betragen …«

Ich hörte nicht mehr zu. Ich unterschrieb sämtliche Dokumente, die sie mir reichte.

Und spürte – nichts.

Von nun an verließ ich das Haus nur noch nachts. Wenn der

Mond am Himmel und die Welt stillstanden, sich nicht einmal mehr ein einzelner nachtwacher Vogel rührte, glitt ich durch die Straßen, um etwas zu essen zu holen. Das Leise wurde mir zur Natur. Die Unsichtbarkeit. Das Unter-den-Dingen-Hinwegtauchen.

Im Herbst 2011 sah ich, dass mein Nachbar auszog. Bald darauf kamen Leute, meist am späten Nachmittag, die Männer trugen Sakkos, die Frauen hübsche Kleider, sie standen auf dem Vorplatz und sahen sich um. Ein junger Mann begleitete sie, immer derselbe, er wirkte dynamisch und federte bei jedem Schritt in den Knien. Er führte die Besucher ins Haupthaus, und wenn sie eine Weile später wieder herauskamen, hielten sie auf meine Tür zu. Sie drückten die Klingel; doch sie war tot, der Strom längst wieder abgestellt. Still stand ich im Flur, mit angehaltenem Atem, und lauschte ihren Stimmen. Sie klopften, doch ich rührte mich nicht. Sie spähten durchs Fenster, liefen ums Haus herum, drückten ihre Gesichter an die Scheiben. Später, wenn ich die Lamellen der Jalousien vorsichtig auseinanderzog, sah ich die Abdrücke ihrer Nasen, ihrer Hände.

Irgendwann gingen sie fort.

Doch ich wusste, sie würden wiederkommen.

Dann hing eines Tages ein Zettel an der Tür, ein weißes Blatt Papier mit schiefen Druckbuchstaben: *Auszug bis zum 13. Oktober, danach bestelle ich Container und räume.*

Und dann hatte ich eine Idee.

15

Dunst liegt über dem Fluss, dichte Schwaden, die das Blau des Wassers und das Grün des Ufers dämpfen, und auch die Berge in der Ferne sind kaum zu erkennen, verschwimmen mit dem Himmel zu diffusen Wolkengebirgen. Es ist noch früh, doch wenn die Sonne scheint wie in den vergangenen Tagen, wird sie das Grau bald vertreiben, in den Auen wimmelt, wispert und sprießt es bereits, als ich durch die warme Mailuft am Rand des Flussbettes entlanglaufe. Seit einem Jahr lebe ich wieder im Wald. Als ich kam, fand ich alles unverändert vor, nahm mein Leben auf, wo es im Herbst 2012 unterbrochen worden war. Anfangs rechnete ich ständig damit, Besuch von der Polizei zu bekommen, doch niemand kam, also freute ich mich über den Frühling, die länger werdenden Tage, das satte Grün, genoss den Sommer, das gleißende Glitzern, die wohlige Wärme. Im Herbst bereitete ich mich auf den Winter vor, doch er verlief recht mild, es schneite selten. Ich genoss den Frieden, der mich umgab, die Ruhe, die mich besänftigte. Im Wald, wo die Natur sich selbst überlassen ist, wo nicht gerodet, gehegt, gestutzt wird wie in einem Park, wo alles ohne Reglement wächst, umgestürzte Bäume liegen bleiben und verrotten, wieder eingehen in den Kreislauf des Lebens, an diesem Ort, an dem nichts ordentlich und akkurat sein muss, ist auch Platz für einen Menschen wie mich, für eine Existenz, die ungeregelt verlief, neben den üblichen Wegen, irgendwann aus der

Bahn geworfen, aber immer noch am Leben. An diesem Ort darf auch einer wie ich einfach sein.

Als ich das Isarufer erreiche, ziehe ich Hemden aus meinem Beutel, Socken, Unterhosen. Das Wasser ist kalt, wie immer, und ich tauche die Wäsche ins Wasser, sehe zu, wie es den Stoff durchdringt, die Kleidungsstücke schwer werden, auf die hellen Kiesel sinken. Bald werden meine Finger steif, doch es stört mich nicht, ich schrubbe die Wäsche auf den Steinen, spüle, wringe. Schließlich laufe ich ein Stück das Ufer entlang, breite alle Kleidungsstücke im Kies aus, setze mich und schließe die Augen. Lausche dem Geräusch des fließenden Wassers … Häufig in diesem vergangenen Jahr tauchten Erinnerungen auf und Gedanken, eine lose Ansammlung von Fragmenten: die Halle – die Maschinen – Mike – die falsch zugeschnittenen Teile – die Stube meiner Eltern und der Mund der Mutter, der sich bewegt, doch alle Wörter dringen nur wie von fern zu mir durch – meine Unfähigkeit, morgens aus dem Bett aufzustehen – meine Unfähigkeit, in die Firma zu gehen. Burn-out, auch das Wort ploppt immer wieder hoch und nur langsam, als fügte ich mühsam ein Puzzle zusammen, komme ich zu der Einsicht, dass ich gearbeitet habe, bis ich zusammenbrach, mich verausgabte bis zur völligen Erschöpfung. Mein Körper hat mich nicht gewarnt, ich hatte keine Schmerzen, kein Kopfweh, keinen Schwindel, keine Rückenprobleme, keinen Ausschlag, ich war gesund wie immer, da war nur diese Müdigkeit, doch die tat ich als vorübergehende Schwäche ab. Die Warnsignale der Seele – die Lethargie, das Gefühl innerer Leere, die Gleichgültigkeit, die Depression – habe ich ignoriert. Es kam mir einfach nicht in den Sinn, dass ich, lange schon, nicht mehr der verantwortungsbewusste und leistungsbereite Chef war, der begeisterte Maschinenbauingenieur, der nie müde werdende Tüftler. Und auch jetzt fällt es mir schwer einzugestehen, dass mir alles – die Arbeit, mein nicht mehr vorhandenes Privatleben, die ständigen Konflikte mit Mike, die drückenden Geldsorgen, all die Probleme, für die ich auch mit größter Mühe keine Lösung fand – irgendwann über den Kopf gewachsen ist. Sobald ich diesen Gedanken zulasse, fühle ich mich umgehend wie ein vollkommener Versager.

Also sitze ich stundenlang am Isarufer oder liege an meinem Platz auf dem weichen Waldboden, schließe die Augen oder sehe in den Himmel und lasse die Fragmente vorüberziehen wie Treibgut. Ich frage mich, wie es so weit kommen konnte? Noch eine Frage, auf die ich keine Antwort finde … Und immer öfter, wenn ich zusehe, wie das Treibgut in der Nähe des Ufers schwimmt, stetig weitertreibt und nie an Land gespült wird, werde ich ungeduldig. Ich möchte all die zufälligen Einzelteile zu einem Ganzen zusammensetzen. Zu einem Bild, das mir mich erklärt. Ich möchte verstehen …

Ein lautes, heiseres Krächzen reißt mich aus meinen Gedanken. Ich öffne die Augen – die Isar leuchtet jetzt grün, die Sonne wischt den letzten Dunst fort, das Wasser schimmert. Ich blinzele, verenge die Augen zu schmalen Schlitzen und sehe wie oft in diesen frühen Stunden einen Reiher im Flachwasser landen. Er stelzt das Ufer entlang, den Hals vorgestreckt wie ein in gedehnter Schrift geschriebenes S, und immer wieder bleibt er stehen, verharrt reglos, starrt ins Wasser, minutenlang. Minutenlang sehe ich ihm zu, bewege selbst keinen einzigen Muskel. Versinke wie er im Moment, konzentriere mich auf das Bild vor meinen Augen – bis der Vogel blitzschnell seinen Schnabel ins Wasser sticht und einen Fisch fängt. Jedes Mal atme ich erleichtert auf. Er hat sein Ziel erreicht – er hat geduldig gewartet und im entscheidenden Moment gehandelt. Vielleicht wird es auch mir mit Geduld, genauer Beobachtung und Beharrlichkeit gelingen, ins Schwarze zu treffen? Zu verstehen, warum alles kam, wie es kam, und wurde, wie es ist.

Ein fernes Knacken.

Dann wieder Stille.

Ein flüchtiges Rascheln.

Und Stille.

Ein Vogel?

Mäuse?

Frösche?

Im Sommer hüpfen erstaunlich viele Frösche und Kröten durchs Laub. Einmal wäre ich beinahe auf eine Kröte getreten, sie verharrte am Boden, so gut getarnt, dass ich sie erst auf den zweiten Blick zwischen den Blättern entdeckte. In der Paarungszeit schallt oft ihr Quaken durch die Nächte. Doch jetzt ist es still. Auch das Rascheln ist nicht mehr zu hören. Nicht einmal eine Mücke surrt durch die Luft.

Ich lehne mich in meinem Stuhl zurück, drehe eine Zigarette, hänge wieder meinen Gedanken nach. In der Frühe, irgendwo zwischen Schlaf und Wachen, spülte unvermittelt ein Stück Treibholz an Land. Seither bin ich aufgeregt, beinahe nervös. Ich erinnerte mich nämlich, dass mir vor langer Zeit einmal der Gedanke gekommen war, ich könnte mich in meinem Leben zu wenig durchgesetzt haben, anderen gegenüber zu wenig darauf bestanden haben, das Eigene zu verwirklichen. Damals hatte mich der Gedanke zutiefst erschreckt, umgehend verschloss ich ihn wieder in den Katakomben meines Inneren. Nun ziehe ich ihn ans Licht und betrachte ihn von allen Seiten.

Ich erinnere mich daran, wie die Tränen der Mutter meine Pläne, nach Kanada auszuwandern, fortgeschwemmt haben.

Ich denke daran, wie ich mich anfangs von Mike habe blenden und beeinflussen lassen.

Wie ich später versuchte, seine zunehmende Abwesenheit durch Mehrarbeit aufzufangen und sechzig, achtzig, hundert Stunden in der Woche arbeitete.

Wie ich versuchte, die wachsenden Spannungen zwischen ihm und unseren Mitarbeitern auszugleichen, überall für gute Stimmung zu sorgen.

Wenn ich mich in Konfliktsituationen gegen jemanden behaupten muss, bekomme ich leicht ein schlechtes Gewissen. Packen mich Zweifel an der Legitimität meiner Wünsche. Habe ich Schuldgefühle.

Vor allem Schuldgefühle.

Sie überfluten mich geradezu, und weil es mir so schwerfällt, Nein zu sagen, ziehe ich mich lieber zurück, in meine Welt, in mich selbst. Es ist das Einzige, was mir zur Verfügung steht: abtauchen.

Doch ist das ein freiwilliges Exil?

Ist es nicht vielmehr eine Falle, in die ich immer wieder tappe?

Bestrafe ich mich mit diesen Rückzügen nicht selbst, weil ich jedes Mal mich, meine Wünsche, meine eigene Freiheit beschneide?

Außerdem verschwinden die Wünsche, Bedürfnisse, Probleme auf diese Weise nicht. Im Gegenteil, sie wachsen.

Mir wird schwindelig. Plötzlich scheint es, als müsste ich

mein ganzes Leben in neuem Licht betrachten. Als müsste ich, um zu verstehen, wer ich bin und wie ich bin, noch einmal ganz von vorne anfangen.

»Grüß Gott.«

Ich fahre herum.

»Wohnen Sie hier?«

Eiseskälte schießt mir vom Kopf bis in die Füße, meine Haut brennt wie Tausende Nadelstiche am ganzen Körper: Vor mir steht ein Polizist. Er sieht sich um, lässt seinen erstaunten Blick über die Lichtung wandern, den Platz, das Zelt. Die Zeitungsstapel. Die Tüten. Den Müll. Ich habe ihn nicht kommen hören.

Verdammt, ich habe ihn nicht kommen hören!

»Wie …?«

»Ein Spaziergänger hat Sie gesehen und uns verständigt.«

Ein Spaziergänger?

Was für ein Spaziergänger? Wann? Wo? Ich habe niemanden gesehen.

»Wann?«

»Vor ein paar Tagen. Er ist einem Trampelpfad gefolgt, der zu Ihrem Zelt führt.«

Einen Moment lang dreht sich alles. Weil ich immer denselben Weg zur Straße gehe, habe ich einen Trampelpfad angelegt, der allen den Weg weist – und mir selbst nie aufgefallen ist?

Wie konnte ich so unvorsichtig sein?

Wo ich immer darauf geachtet habe, unsichtbar zu sein, nicht gesehen, gehört, bemerkt zu werden …

Ein zweiter Polizist steigt das Gefälle herauf, ihm folgt ein älterer Mann in bunter Freizeitkleidung. Der Beamte bedeutet ihm, zu warten. Sein Kollege schiebt die Hände in die Hosentaschen. »Sie wissen schon, dass Sie hier in einem Naturschutzgebiet zelten? Und dass das nicht erlaubt ist?«

Noch immer brennt meine Haut und ich versuche, mich zu konzentrieren. Diesmal kann ich mich nicht herausreden – obwohl ich diese beiden Polizisten noch nie gesehen habe, muss ich davon ausgehen, dass sie vom selben Revier kommen wie Nummer vier. Dass man mich bestraft, weil ich den Platz nicht geräumt habe. Vielleicht ist Polizist Nummer vier sogar enttäuscht, wenn er erfährt, dass ich mein Versprechen gebrochen habe …

Doch … wo soll ich hin?

Alles stürzt durcheinander. Über ein Jahr wog ich mich in Sicherheit und nun, von einer Sekunde auf die andere, ist alles aus.

»Wann muss ich …?«

Der Polizist räuspert sich. »Demnächst.«

Ich nicke.

»Kann ich mal Ihren Ausweis sehen?«, fragt Polizist Nummer zwei. Ich deute auf mein Zelt. Die beiden begleiten mich über die Lichtung. Ich öffne den Reißverschluss, taste nach der Plastiktüte; als ich im Heim wohnte, habe ich einen neuen Personalausweis beantragt. Schließlich stoßen meine Finger auf die harte Karte, ich richte mich auf, reiche sie den Beamten. Polizist Nummer zwei nimmt den Ausweis und geht. Ich sehe, wie der Rentner ihm folgt, wie er heftig gestikulierend auf ihn einredet.

»Wissen Sie vielleicht«, frage ich, als die beiden weit genug entfernt sind, »einen anderen Platz, an dem ich zelten kann?«

Der Polizist schüttelt den Kopf. »Kennen Sie denn keinen

Ort, an dem Sie unterkommen können?«, fragt er. »Bei jemandem aus der Familie? Freunden? Bekannten?«

Ich schüttele den Kopf.

Die Worte hängen in der Luft, während wir schweigend auf seinen Kollegen warten. Oder vielmehr: Er wartet auf seinen Kollegen – ich warte darauf, dass mir eine Lösung einfällt.

Schließlich kommt Polizist Nummer zwei zurück, allein diesmal. Er nickt und gibt mir den Ausweis zurück. »Sie haben keinen festen Wohnsitz«, sagt er. Einen Moment bin ich perplex – als wäre das eine neue Erkenntnis.

»Nein«, antworte ich.

»Wir werden eine Meldung beim Landratsamt machen«, sagt sein Kollege. »Von einer Anzeige …« Er zögert, mustert mich von Kopf bis Fuß. »Von einer Anzeige sehen wir ab, die Strafe könnten Sie ja wahrscheinlich eh nicht bezahlen.«

Ich schüttele den Kopf.

Nicke.

»Ja. Ich meine, nein. Ich habe kein Geld, nur das, was ich für die Pfandflaschen bekomme.« Ich deute auf die Plastiktüten. Polizist Nummer zwei schluckt und ich sehe, wie sein Hals sich leicht bewegt, wie sein Adamsapfel hervortritt.

Polizist Nummer eins räuspert sich erneut. »Aber räumen müssen Sie, auf jeden Fall, dass das klar ist.«

Ich nicke.

»Ja«, sage ich.

Ich verspreche es, will ich hinzufügen, beiße mir jedoch auf die Zunge.

Als die Beamten das Gefälle wieder hinunterlaufen und kurz darauf im Dickicht verschwinden, sinke ich auf meinen Stuhl und bin vollkommen nass geschwitzt. Was soll ich tun? Plötzlich wird mir bewusst, dass ich irgendwann einfach aufgehört habe, damit zu rechnen, dass man mich vertreiben würde. Dass ich gedacht habe, ich könnte für immer im Wald bleiben. Ich hatte mich in Sicherheit gewähnt …

Mit zitternden Händen zünde ich mir eine Zigarette an. Inhaliere, halte den Rauch in den Lungen, bis sie brennen. Als ich ausatme, überkommt mich eine müde Traurigkeit.

Morgen, denke ich, als die Dämmerung einsetzt und ich von meinem Stuhl aufstehe, morgen werde ich weiter darüber nachdenken.

Morgen …

Übermorgen …

Tag für Tag suche ich nach einer Lösung.

Warte auf Polizisten, die nach mir suchen.

Doch niemand kommt.

Nichts geschieht.

16

»Herr Ködel, Sie waren geschäftsführender Gesellschafter einer Firma. Was genau haben Sie gemacht?«

Ich schwitze und mein Hals ist rau und trocken. Ich räuspere mich. »Das war eine Laserschneidfirma«, antworte ich. »Eine kleine Firma, die Spezialteile aus Metall gefertigt hat.«

Die Moderatorin sieht mich an, ruhig, aufmerksam. Sie hört zu – wie jemand, der wirklich etwas wissen will. »Wieso kam Ihre Firma in eine Schieflage?«

»Das hatte verschiedene Gründe«, erkläre ich und räuspere mich wieder. »Wachsende Konkurrenz, die allgemeine Wirtschaftslage, und dann meldete auch noch ein Großkunde Insolvenz an.« Meine Stimme klingt brüchig wie altes Papier. Seit die anderen – Expolitiker Ronald Schill, Exnationaltorhüter Eike Immel und Exschlagersänger Nino de Angelo – ein paar geschliffene Eröffnungsstatements abgegeben haben, sitze ich in dieser Runde, unendlich nervös, und denke: Ich kann nicht reden. Nicht wie die, so klug und gewandt. Ich habe drei Jahre mit keinem Menschen geredet. Nur mit einer Katze.

»Sie hatten Firmenkredite mit einer Hypothek auf Ihr Haus abgesichert. Wenn die Firma dann pleitegeht, ist auch das Haus weg.«

»Dann ist auch das Haus weg.« Ich nicke. Und lächle. »Das Haus, die Ersparnisse, alles.«

Die Moderatorin beugt sich etwas vor. »Das heißt, Sie wussten, was auf Sie zukommt?«

»Das wusste ich.« Ich nicke. Und lächle. Und huste.

»Haben Sie sich überlegt, was Sie dann machen werden?«

Ich schüttele den Kopf. »Ich wollte nichts mehr machen. Irgendwann habe ich alles nur noch auf mich zukommen lassen.« Die Studioscheinwerfer blenden und Schweiß steht mir auf der Stirn. Himmel, wie bin ich hier gelandet?

Nachdem die Polizisten gegangen waren, geschah lange Zeit nichts. Niemand kam, niemand bestand darauf, dass ich verschwand. Also blieb ich. Eines Morgens hörte ich wieder Schritte im Unterholz; mein Gehör war nun geschärft und stets auf Laute gerichtet, die nicht von Tieren kamen. Stimmen. Schritte. Spaziergänger, die ihren Hunden durchs Gebüsch folgten. Jetzt entfernten sich die Schritte vom Weg, kamen immer näher. Ein Mann stieg das Gefälle hinauf.

»Ich hab ganz schön suchen müssen, um Sie zu finden«, sagte er und schnaufte. Er trug Jeans, eine grüne Weste, einen Filzhut. Sein Gesicht verschwand beinahe hinter einem dichten Vollbart.

Hättest dir die Mühe nicht machen müssen, dachte ich.

Doch das sagte ich nicht. Ich sagte bloß: »Grüß Gott.«

»Grüß Gott.« Der Fremde sah sich um. »Das Landratsamt hat uns verständigt, dass hier jemand zeltet. Ich bin Isar-Ranger.«

Ich nickte und folgte stumm seinem Blick.

»Sie wissen, dass das hier ein Naturschutzgebiet ist?«

»Ja.«

»Es ist verboten, in den Schutzgebieten im Freien zu übernachten, damit die Tiere nicht gestört werden.«

»Ja.«

Wieder inspizierte er mein Zelt, die Tüten, den Müll. Und schüttelte den Kopf. »Sie müssen diesen Platz räumen.«

»Ja«, sagte ich.

Doch wo sollte ich hin?

Ich hatte immer noch keine Antwort.

»Ich weiß nicht, wohin«, sagte ich. »Wissen Sie vielleicht, wo ich stattdessen zelten kann?«

Der Ranger rieb seinen Bart, ein leises Kratzen. »Können Sie denn nicht zu Ihrer Familie? Zu Freunden oder Bekannten?«

Ich senkte den Kopf.

Nach einer Weile ging der Mann. Von nun an schaute ab und zu ein Ranger in grüner Weste vorbei. Man ermahnte mich. Doch niemand setzte mir ein Ultimatum.

Es war schon Herbst, als wieder jemand das Gefälle hinaufstieg. Der Mann trug keine grüne Weste und einen Moment dachte ich, es sei der Spaziergänger, der mich im Frühjahr beobachtet hatte. Doch er war kleiner, kräftig, sein Kopf beinahe kahl. Er wirkte auch nicht neugierig, im Gegenteil, etwas Freundliches ging von ihm aus. »Grüß Gott«, sagte er mit rotem Gesicht und etwas aus der Puste. »Ich hab gehört, dass Sie hier wohnen, und da wollt ich mal nach Ihnen schauen. Sie müssen den Platz ja räumen – brauchen Sie vielleicht Hilfe?« Er reichte mir die Hand. »Ludwig Frey mein Name, freut mich.«

Frey?

Hilfe?

Stumm folgte ich seinem Blick, der über den Platz glitt. Über den Müll. Vor allem über den Müll. »Mei, das kann ja einer allein gar nicht wegtragen. Wissen'S, wir sammeln nämlich Abfall in der Au, zwei Mal im Jahr ist Ramadama.« Er schüttelte noch immer meine Hand und plötzlich wurde mir schwindelig. Eine jähe Freude packte mich – zum ersten Mal seit Langem bot mir jemand Hilfe an.

Am Tag darauf kam Ludwig Frey mit ein paar Jugendlichen aus dem Angelverein und den ganzen Nachmittag karrten sie Schubkarren voller Papier und Flaschen zu einem Container.

»Und jetzt«, sagte Frey, als die Jugendlichen sich verabschiedeten und wieder auf ihre Fahrräder stiegen, »bring ich Sie zur Caritas.«

Die Frau, die mich seinerzeit im Heim und später in der Dachwohnung untergebracht hatte, schlug die Hände zusammen, als sie mich sah. »Dass Sie noch leben!« Wieder bekam ich Kleider- und Lebensmittelgutscheine, meldete mich arbeitslos, beantragte Hartz IV. Und zog in ein Bauernhaus auf einer Alm, zehn Kilometer entfernt.

Die Moderatorin lehnt sich in ihrem Sessel zurück. »Dann wurde Ihr Haus zwangsverkauft. Und Sie mussten ausziehen?« Sie trägt eine weiße Hose, eine blaue Bluse und in ihrem Gesicht liegt ruhiges, wahrhaftiges Interesse.

Seltsam, ich habe das Gefühl, als würde ich sie schon lange kennen.

Wieder räuspere ich mich. »Ja, dann musste ich ausziehen«, antworte ich, während mir der Schweiß den Rücken hinabläuft und mein Hals vollkommen trocken ist. »Ich hab meine wichtigsten Sachen gepackt: Zelt, Decke, Taschenlampe …«

»Und sind in den Wald gegangen?«

»Und bin in den Wald gegangen.«

»Warum in den Wald?« Ich höre das Staunen in ihrer Stimme. Und verstehe es nicht.

»Mir ist kein anderer Platz eingefallen«, versuche ich, zu erklären. »Ich wollte mit allem nichts mehr zu tun haben.«

Einen Moment ist es ganz still im Studio.

Sie sieht mich an.

Wartet sie, ob ich noch etwas sage?

Ich zucke mit den Schultern.

»Sind Sie glücklich im Wald gewesen?«, fragt sie schließlich.

Ich denke nach.

»Anfangs«, antworte ich, »hatte ich kaum Gefühle.«

Nino de Angelo, der mir gegenübersitzt, nickt, als wüsste er genau, was ich meine.

»Es war eine Zeit wie in Trance«, fahre ich fort. »Ich hab gar nicht richtig wahrgenommen, was geschieht. Ich hab einfach von Tag zu Tag gelebt.«

»Dabei waren Sie gar nicht irgendwo in der Wildnis, der Wald war nicht weit weg von Ihrem alten Zuhause.«

»Nein.« Wieder bricht meine Stimme. »Nein, ich war nicht weit weg …« Ich huste.

»Einen Schluck Wasser vielleicht? Die Luft ist trocken hier im Studio.« Sie reicht mir ein Glas. »Zum Wohl!« Sie trinkt selbst einen Schluck.

Sie ist wirklich nett.

Zum Ramadama kam auch ein Reporter der Lokalzeitung. Als er erfuhr, dass ich fast drei Jahre im Wald gelebt hatte, schrieb er einen Artikel für den *Münchner Merkur*. Auch die *TZ* brachte einen Artikel. Im November 2014 meldete sich jemand vom Fernsehen: Ob ich Lust hätte, in die Talkshow *Menschen bei Maischberger* zu kommen, das Thema der Sendung laute *Hoch geflogen, tief gestürzt*? Ein paar Tage dachte ich nach. Das Angebot setzte mich unter Zugzwang: Auf keinen Fall konnte ich im Fernsehen auftreten, ohne zuvor Kontakt zu meiner Familie aufzunehmen. Doch noch immer fürchtete ich nichts mehr als diese Konfrontation. Noch immer hatte ich nicht die geringste Ahnung, wie ich mich erklären sollte. Aber es war ausgeschlossen, dass meine Mutter dachte, ich sei tot, und mich dann vielleicht in einer Talkshow sitzen sah. Diese Anfrage, dachte ich, ist deine Chance, wieder in die Welt zurückzukehren. *Jetzt musst du handeln*!

Trotzdem verschob ich den Anruf von Tag zu Tag.

Irgendwann drängte die Redaktion auf eine Entscheidung. Ich hatte mir ein billiges Handy mit Prepaidkarte gekauft und eines Abends rief ich meine Schwester an. Schwitzend und mit vor Nervosität kalten Händen wählte ich ihre Nummer.

Ein Klingeln am anderen Ende der Leitung.

Noch ein Klingeln.

Noch eines.

Ein Anrufbeantworter.

Ich holte Luft. Sagte, ich sei am Leben, es gehe mir gut, ich würde mich wieder melden. Und legte auf.

Unendlich erleichtert.

Am nächsten Tag rief meine Schwester zurück. »Himmel, Wolfgang, wo steckst du? Was ist los mit dir? Wir haben uns solche Sorgen gemacht, die Mutter ist krank vor Gram, sie denkt, du bist tot! Tot oder im Ausland verschollen, sie ist vollkommen sicher, dass sie dich nie wiedersehen wird ...«

Vorwürfe.

Eine Lawine von Vorwürfen.

Ich atmete tief durch.

»Es tut mir leid«, sagte ich.

»Es tut dir leid? Himmel noch mal, Wolfgang«, Margarethas Stimme zitterte, »hast du eigentlich eine Ahnung, was du uns allen antust?«

Ein wunder Laut entfuhr ihrer Kehle.

»Immerhin, du lebst ...«

Ein jäher Schluchzer.

Tränen.

Und wieder schwarze Verwirrung, wie eine Wolke trieb sie auf mich zu – doch ich holte Luft und wischte sie beiseite. »Es ging mir nicht gut«, sagte ich. »Ich kann das jetzt nicht erklären.«

Noch mehr Tränen.

Und noch mehr Schuldgefühle.

Ich stapfte über sie hinweg. »Was ich dir sagen wollte: Ich werde im Fernsehen auftreten.«

»Du wirst ...?« Ein geräuschvolles Schniefen. »Du wirst *was*?«

»Man hat mich in eine Sendung eingeladen, zum Thema *Hoch geflogen, tief gestürzt*. Du musst es der Mutter sagen, damit sie nicht erschrickt.«

Ein Lachen, kurz, schrill, beinahe hysterisch. »Ja, bist du jetzt vollkommen narrisch? Du kannst doch nicht im Fernsehen auftreten! Was werden die Leute sagen?«

Die Leute?

Ich spürte, wie sich meine Nackenhaare aufstellten.

Was zum Teufel interessierten mich jetzt noch die Leute?

»Wolfgang, um Himmels willen, das kannst du der Mutter nicht antun! Und mir auch nicht –«

»Ich melde mich wieder«, sagte ich. »Gib einfach der Mutter Bescheid.«

Und legte auf.

Meine Hände waren feucht und kalt, mein Herz pochte. Doch dann wurde ich mit einem Mal ganz ruhig. Ich werde, dachte ich, in diese Sendung gehen, denn wenn ich es nicht tue, werde ich es nie schaffen, mich zu stellen. Wenn ich jetzt nicht hinausging, würde ich mich für den Rest meines Lebens verkriechen.

»In der Zeit, als Sie im Wald lebten«, Sandra Maischberger streicht sich mit einer raschen Bewegung das Haar aus der Stirn, »kamen Sie ab und zu zurück in die Zivilisation. Sie gingen zum Supermarktcontainer, Sie kauften sich Tabak. Haben Sie Kontakt zu Menschen aufgenommen?«

Ich schüttele den Kopf. »Nein«, sage ich.

Sie sieht mich an, ein wenig ungläubig. »Kann man sagen, Sie haben sich versteckt?«

»Ja«, antworte ich. »Ja, das war der Sinn der Sache: Ich wollte fort, ich wollte allein sein.«

»Wusste *niemand*, wo Sie stecken?« Wieder dieses Staunen. Das Staunen der anderen.

»Nein«, sage ich. »Das wusste niemand.«

Sie hebt die Hand. »Sie haben Eltern, Sie haben eine Schwester …« An den Fingern ihrer rechten Hand zählt sie auf, wer hätte wissen müssen, wo ich stecke.

Und sie hat recht.

Irgendwie.

Und wahrscheinlich denkt nicht nur sie so, wahrscheinlich denken so auch meine Eltern, meine Schwester …

Ich räuspere mich. Hole wieder Luft. Sage: »Ich habe meiner Familie sehr wehgetan und das tut mir wirklich leid. Aber in der Situation … ich konnte einfach nicht anders.«

Einige Tage nach unserem ersten Gespräch telefonierten meine Schwester und ich erneut.

»Die Mutter weiß noch nichts«, sagte Margaretha und diesmal klang ihre Stimme nicht vorwurfsvoll, sondern zutiefst ratlos. »Ich weiß einfach nicht, wie ich es ihr beibringen soll …«

Ich lauschte dem Rauschen in der Leitung.

Wusste nicht, was ich sagen sollte.

»Ich hab Angst, sie bekommt einen Herzkasper.«

Ich hörte Margarethas Atem, ihre schweren, stoßweisen Züge.

»Vielleicht«, fragte ich schließlich, »kannst du dafür sorgen, dass sie an dem Abend nicht fernsieht? Dann gewinnen wir Zeit.«

»Phhh …«

Und wieder Rauschen. Wie ein fernes Meer.

»Ich werde auf jeden Fall nach Köln fahren«, sagte ich.

Schweigen.

»Ja«, sagte Margaretha.

Ich legte auf.

»Herr Ködel, seit einem Monat leben Sie nun nicht mehr im Wald«, sagt Sandra Maischberger und ich blinzele ins Scheinwerferlicht. »Haben Sie schon Kontakt mit Ihren Eltern aufgenommen?«

Ich nicke. »Mit meiner Schwester habe ich Kontakt aufgenommen.«

»Und Ihre Mutter? Die muss gedacht haben, dass Sie tot sind. Drei Jahre sind Sie weg und sie hat keine Nachricht …«

Ich nicke wieder.

Ja, denke ich. Und: seltsam. Seltsam, wenn Frau Maischberger das sagt, klingt es mit einem Mal nicht mehr wie ein Vorwurf. Es klingt einfach wie eine Frage. Es klingt nach Interesse – jemand will verstehen …

»Hatten Sie zwischendurch kein schlechtes Gewissen gegenüber denjenigen, die Sie lieben und die Sie vermissten?«

Ich atme aus. Und wieder ein. »Den Gedanken hatte ich schon«, antworte ich. »Aber …« Ich merke, dass ich lächle. Wie um mich zu entschuldigen.

»Aber?«

Ich zucke mit den Schultern. »Aber ich hab trotzdem nichts getan.«

»Warum nicht? Können Sie versuchen, das zu beschreiben? Ich meine, ein paar Monate fort sein, ein Jahr – aber zwei Jahre? Drei? Wie kann man das machen?«

Ich huste.

»Man gewöhnt sich daran«, sage ich. »Und mit der Zeit möchte man es nicht mehr anders. Dieses Leben hat seine Vorteile. Man bekommt keine Anrufe …«

Sie lacht. »Nein, eindeutig nicht.«

»Keiner macht Ärger, niemand macht Stress.«

»Wollen Sie sagen, Sie fühlten sich frei?«

»Ja.« Ich nicke. »Ja, so kann man das sagen.«

Stille.

Niemand in der Runde sagt etwas.

»Eine größere Freiheit kann man nicht finden«, füge ich hinzu.

Erneut stützt die Moderatorin den Arm auf, sieht mich an, forschend irgendwie. Oder kommt mir das nur so vor? Die Situation ist so ungewohnt, ich bin noch immer nervös, wenn auch nicht mehr so sehr wie zu Beginn der Sendung. Doch ich kenne mich hier nicht aus, kenne die Regeln nicht, kann Zeichen nicht zuverlässig deuten.

»Gibt es auch etwas«, fragt Sandra Maischberger, »was Sie im Wald vermisst haben?«

Meine Antwort kommt spontan: »Nein.«

Eike Immel nickt. Und Nino de Angelo sieht wieder aus, als wüsste er genau, wovon ich rede.

Die Moderatorin lächelt. »Zurück in der Zivilisation – und nun sitzen Sie in einem Fernsehstudio: Ist das ein Kulturschock? Zum Flughafen fahren, in den Flieger steigen …?«

Ich lache. »Nein, das ist wie früher, wenn ich in den Urlaub geflogen bin.« Ich zögere – irgendwo blitzt leiser Schalk auf. »Nur der Sicherheitscheck ist schärfer geworden«, füge ich hinzu.

Sie lacht.

Alle lachen.

Und dann erzählt Exnationaltorwart Eike Immel von frühen Millionen, teuren Geschenken, Fehlspekulationen und einer Privatinsolvenz. Schlagersänger Nino de Angelo erzählt von frühen Millionen, Drogen, Spielsucht und einer Privatinsolvenz. Die Heilpraktikerin Yvonne Holthaus erzählt, wie sie für ihren Mann bürgte und auf seinen Schulden sitzen blieb. Der ehemalige Richter und Hamburger Senator Ronald Schill erzählt von einem Absturz, der eigentlich ein Komplott gegen ihn gewesen sei, und einer Favela in Rio, in der er heute das Leben genieße. Doch all das geht ein wenig an mir vorüber, denn ich bin aufgeregt, fühle mich plötzlich leicht, beinahe euphorisch. Ich habe mich aus der Lethargie der vergangenen Jahre befreit – anstatt mich zu verkriechen, habe ich mich gestellt! Es rauscht in meinen Ohren, fast als wäre ich am Meer, und ich spüre, wie sich irgendwo in der Tiefe meines Herzens etwas regt und hartnäckig vorwärtsdrängt: Lebensmut …

Ich hatte vergessen, dass es ihn gibt.

17

Mein Nachbar ist Frührentner und hat sich wegen eines Erbstreits mit seiner Familie überworfen. Ein anderer stammt aus einer Romafamilie, hat Korbflechter gelernt und später Metzger; er kann sich beide Arme auskugeln und wieder einrenken. Einer war in der DDR beim Zirkus und ist Analphabet, einer ist in England aufgewachsen und war schon öfter in der Psychiatrie. Einer sagt, er sei bei der Fremdenlegion gewesen. Oder in Afghanistan. Oder mit der Fremdenlegion in Afghanistan.

Sechzehn Männer leben in dem alten Bauerhaus auf der Alm. Sechzehn Lebensläufe, die beeindruckend sind, bestürzend und manchmal banal. Alle waren einmal ganz unten – gescheitert am Traum vom bürgerlichen Leben mit Job, Karriere, Geld, Frau, Kindern, Haus. Ich bin sozusagen unter meinesgleichen und das hat auch etwas Entlastendes: Die Erfahrung des Scheiterns verbindet uns. Ich hätte nicht gedacht, dass ich mich so gut einleben, mich so gut mit meinen Mitbewohnern verstehen würde. Ich hatte nicht damit gerechnet, dass Freundschaften entstehen könnten wie mit dem Fremdenlegionär. Ob seine Geschichten stimmen? Ich weiß es nicht. Manchmal streiten wir auch deswegen, doch am Ende ist es unwichtig. Jeder hat das Recht, sein Leben neu zu gestalten und sei es in der Fantasie. Was wirklich wichtig ist: Der Fremdenlegionär ist ein guter Mensch. Er hat ein großes Herz und hilft allen, obwohl er selbst manchmal Hilfe braucht. Auch mit dem Rom verstehe ich mich gut. Er hat viel von der Welt gesehen und sich irgendwann, aus Gründen, die ich nicht kenne, zurückgezogen, sucht nun Abgeschiedenheit, Ruhe, Natur. Diese Sehnsucht verbindet uns.

Dabei ist es nicht immer ruhig in unserer Land-WG. Es wird Musik gehört, Türen fliegen, und wenn einer zu viel getrunken hat, wird es laut. Doch anders als in der Dachwohnung stört mich der Krach nicht. In einer »normalen« Umgebung, in der man leise zu sein hat, versuche ich stets, der Leiseste von allen zu sein; offenbar wirkt das Dorf noch in mir nach, die stete Sorge der Mutter, was die Leute bloß denken. Doch jetzt muss ich mich nicht mehr anpassen. Ich muss mich nicht bemühen, unauffällig zu sein – denn ich falle nicht unangenehm auf, wenn ich auch mal lauter Musik höre.

Trotzdem möchte ich nicht für immer bleiben. Der Rückzug in den Wald war nötig, doch nun möchte ich zurück in die Gesellschaft. Ich möchte eine Arbeit finden, eine neue Wohnung. Ich habe mich bereits in der Branche umgehört. Zugleich spüre ich, es ist noch zu früh. Noch immer bin ich schnell erschöpft, schnell überfordert. Auch wenn es mich Überwindung kostet: Ich muss mir eingestehen, dass ich krank bin – ich habe ein Burn-out. Als es begann, war ich ahnungslos, habe nicht bemerkt, wie ich in die Erschöpfungsspirale hineingeriet, und als ich drin war, fand ich den Weg hinaus nicht mehr. Nun muss ich lernen, mit Stress, Belastung und Erwartungen – denen der anderen und meinen eigenen – anders umzugehen. Immerhin, ich mache mir keine Vorwürfe mehr, empfinde mich nicht mehr als Versager. Und ich bin auch nicht allein – jedes Jahr erkranken Zehntausende, vielleicht Hunderttausende an einem Burn-out, die Zahl der betrieblichen Fehltage aufgrund von seelischen Leiden steigt seit Jahren.

Es wird also noch etwas dauern, bis ich wieder in der Lage bin, in die Arbeitswelt zurückzukehren. Doch die Richtung ist klar.

Und der Weg das Ziel.

An einem Samstag im Dezember 2014, kurz vor Weihnachten, löse ich eine Fahrkarte nach Würzburg, nehme den Bus ins Dorf.

Meine Mutter steht in der Tür. Sie ist alt geworden, schmal, nicht mehr gut auf den Beinen. »Bub«, sagt sie und macht einen Schritt auf mich zu. »Wolfgang ...« Sie schließt mich in die Arme – Arme, die ein Leben lang zugepackt haben, in der Schuhfabrik, auf den Feldern, im Haushalt, die gekocht, geputzt, genäht, gestrickt haben. Die Mutter, die sich immer um alles gekümmert und diesen Augenblick auf das Innigste herbeigesehnt hat. Wortlos und mit einem Kloß im Hals erwidere ich ihre Umarmung.

In der Küche duftet es nach Kaffee und im Wohnzimmer steht ein Kuchen auf dem Tisch. Margaretha ist gekommen, auch wir umarmen uns. Dann schenkt sie allen Kaffee ein und die Mutter greift nach meiner Hand, hält sie fest in ihrer – ihre Wangen sind gerötet, ihre Dauerwellenlöckchen fast weiß, sie verströmt noch immer ihren sauberen Seifengeruch und ihre Augen glänzen.

Den ganzen Nachmittag sitzen wir zu dritt in der Stube und auch am Tag darauf. Wir reden übers Wetter, über das bevorstehende Weihnachtsfest, über den Vater, der im November 2013 gestorben ist. Sie fragen mich, ob ich gesund sei. Ob ich gut untergebracht sei. Über den Wald sprechen wir nicht. Wir behandeln einander wie rohe Eier, meiden behutsam alle heiklen Themen, versuchen, den anderen nicht zu verletzen.

Von dem Fernsehauftritt bei *Maischberger* erfuhr die Mutter letztlich durch einen Cousin – er hatte die Talkshow gesehen und seine Mutter angerufen, die wiederum bei ihr anrief. Margaretha hatte es vorher gerade noch geschafft zu sagen, dass ich lebte. Seither liegt die Sendung als DVD neben dem Fernseher, mein Schwager hat sie aufgezeichnet, doch niemand sieht sie an. Es ist einfach zu aufwühlend.

»Bist du gut untergebracht?«, fragt mich die Mutter auch am zweiten Tag.

»Ja«, sage ich und erzähle ihr ein wenig von der Alm. Sie hört mir zu. Greift nach meiner Hand. Das ganze Wochenende über greift sie immer wieder nach meiner Hand, als müsse sie sich vergewissern, dass ich wirklich wieder da bin. Als könne ich morgen wieder verschwinden.

Seither telefonieren wir öfter.

Ich fahre häufiger heim, nicht mehr nur zu Weihnachten.

Von Besuch zu Besuch wird unser Kontakt besser.

Vor Kurzem war wieder Ramadama. Als Ludwig Frey anrief und fragte, ob ich mithelfen würde, sagte ich sofort zu. »Ehrensache.«

An einen Samstag im Oktober 2015 laufen wir durch den Wald und die Isarauen. Das Wasser glitzert, Reiher fangen Fische, Vögel zwitschern und quäken, kreischen und lispeln, machen Geräusche, die ich früher nie mit Vögeln in Verbindung gebrachte habe. Mountainbiker in neonfarbenen Hosen und Shirts spritzen durch den Kies und Spaziergänger laufen die Wege entlang. Ich frage mich, was sie im Wald erleben. Gehen sie hinein, hindurch und wieder hinaus – oder nehmen sie sich Zeit, einzutauchen in die Stille und zu entdecken, was in ihr zu entdecken ist, wenn man Geduld hat und Demut?

Irgendwann komme ich an meinen alten Platz. Der Busch, der einst wie eine Wand den Zugang verdeckte, ist nicht mehr da. Der Platz und die kleine Lichtung sind jetzt nicht mehr so geschützt. Ich setze mich auf einen Baumstumpf, rauche eine Zigarette und sehe mich um. Nichts verrät, dass hier drei Jahre lang ein Mensch gelebt hat.

Ich lege den Kopf in den Nacken und sehe hinauf in die Baumkronen …

lausche dem Wispern des Waldes …

dem Atmen der Bäume …

dem Geflüster der Blätter …

Ich erinnere mich an Tage und Nächte, bitteren Frost und laue Sommerabende, an Einsamkeit und Glück.

An tiefen Frieden.

Einen Moment lang werde ich beinahe sentimental.

Hier im Wald fand ich die größtmögliche Freiheit. Und doch, denke ich, hätte ich gern auf diese drei Jahre verzichtet.

Nach einer Weile stehe ich auf und gehe zurück zu den anderen.

Danke

Ein herzliches Danke an Christian Müller, der das Kind aus der Taufe gehoben und mit viel Herzblut und ungebrochenem Einsatz begleitet hat, bis es groß und stark war, um in die Welt hinauszuziehen.

An Petra Hermanns und Annika Balser, die zuverlässig wie immer im Hintergrund wirkten.

Sabine Eichhorst bedankt sich außerdem bei Carola Kleinschmidt für ihre Unterstützung und Expertise in Sachen Burnout. Ihr Buch Unger/Kleinschmidt, *Bevor der Job krank macht: Wie uns die heutige Arbeitswelt in die seelische Erschöpfung treibt und was man dagegen tun kann* (München 2006) war sehr hilfreich bei der Recherche.

Merci auch an Constanze Schell, für ihre charmante und sprachkluge Nachhilfe in Sachen oberbayerischer Dialekt.